Escatologías en debate

Escatologías en debate

Hermenéuticas del Reino y el fin de la historia

ALBERTO F. ROLDÁN

© 2020 Alberto F. Roldán
© 2020 Publicaciones Kerigma
Escatologías en debate: Hermenéuticas del Reino y el fin de la historia. El libro se terminó de redactar en Ramos Mejía, Buenos Aires, el 30 de abril de 2020.

Revisión y edición: Jorge Ostos
Diseño y maquetación interior: Mauricio A. Jiménez

© 2020 Publicaciones Kerigma
Salem Oregón, Estados Unidos
http://www.publicacioneskerigma.org

Todos los derechos son reservados. Por consiguiente: Se prohíbe la reproducción total o parcial de esta obra por cualquier medio de comunicación sea este digital, audio, video escrito, salvo para citaciones en trabajos de carácter académico según los márgenes de la ley o bajo el permiso escrito de Publicaciones Kerigma.

Diseño de Portada: Publicaciones Kerigma

2020 Publicaciones Kerigma
Salem Oregón
All rights reserved

Pedidos: 971 304-1735

www.publicacioneskerigma.org

ISBN: 978-1-948578-50-9

Impreso en los Estados Unidos Printed in the United States

A mis hijos,

que me ayudaron

a comprender el mundo.

En el cristal de un sueño he vislumbrado

el Cielo y el Infierno prometidos:

cuando el Juicio retumbe en las trompetas

últimas y el planeta milenario

sea obliterado y bruscamente cesen

¡oh Tiempo! Tus efímeras pirámides,

los colores y las líneas del pasado

definirán en la tiniebla un rostro

durmiente, inmóvil, fiel, inalterable

(tal vez el de la amada, quizá el tuyo)

y la contemplación de ese inmediato

rostro incesante, intacto, incorruptible

será para los réprobos, Infierno,

para los elegidos, Paraíso.[1]

---

[1] Jorge Luis Borges, «Del infierno y el cielo», *Obras completas*, vol. II, 20ª. Edición, Buenos Aires: Emecé/María Kodama, 1989, p. 244.

Contenido

Prólogo 9

Prefacio 15

1 La escatología de George E. Ladd: Hermenéutica milenial 21

    Hermenéuticas escatológicas en la antigüedad 22

    Hermenéuticas escatológicas en la era moderna 23

    Hermenéuticas escatológicas en el ámbito evangélico 25

    Acercamientos hermenéuticos a Apocalipsis 20 28

    El milenio: un nuevo acercamiento hermenéutico 33

    Distinción con el dispensacionalismo 34

    Evaluación crítica 36

2 La hermenéutica de Jürgen Moltmann: Escatología de la esperanza y la gloria 41

    Hermenéutica escatológica resituada 42

    Hermenéutica escatológica de la esperanza 43

    Hermenéutica escatológica en diálogo con el mesianismo judaico 48

    Hermenéutica escatológico-trinitaria del Reino 55

    Hermenéutica escatológica de la misión 57

    Hermenéutica escatológica de la política 61

    Hermenéutica escatológica cósmica 68

Hermenéutica escatológica de la gloria 78

Evaluación crítica 83

3 La hermenéutica de Wolfhart Pannenberg: Escatología del Reino y el fin de la historia 89

Hermenéutica escatológica crítica 92

Hermenéutica escatológica del Reino 101

Hermenéutica escatológica del Espíritu 108

Hermenéutica escatológica y ética 111

Hermenéutica escatológica y fin de la historia 116

Justificación de Dios: teodicea trinitaria 123

Evaluación crítica 127

Conclusión 133

Bibliografía 139

Prólogo
por Leopoldo Cervantes-Ortiz

UNA PUESTA AL DÍA SOBRE LA PROBLEMÁTICA ESCATOLÓGICA

> «Absolutamente nada tiene que ver con Cristo un cristianismo que no sea del todo escatología.»
> KARL BARTH, *Carta a los Romanos*

Estas palabras de quien es considerado de manera unánime el mayor teólogo protestante del siglo XX, y quien curiosamente no llegó a escribir la sección correspondiente en su obra magna, expresan con diáfana claridad la forma en que el pensamiento cristiano moderno ha asumido la importancia de la escatología para la fe y para la iglesia cristiana. Desde este punto de vista, la teología barthiana podría calificarse como una «teología del instante eterno», tal como lo expuso en su famoso comentario. Cuando se presentan (incluso de manera cíclica) circunstancias como la que ahora vive el mundo, en relación con la pandemia del coronavirus, resurgen inmediatamente las interpretaciones fatalistas y apocalípticas (en el peor sentido del término) agazapadas en discursos religiosos supuestamente edificantes, pero que se desbocan ante lo que consideran signos evidentes del fin de los tiempos. Una obra como ésta, encaminada a analizar «las hermenéuticas que, de modo explícito o implícito se detectan en la estructura de esas escatologías», tal como lo expresa su autor, es el mejor antídoto para tales excesos recurrentes.

Al interior de la teología siempre han sido apasionantes los debates sobre los temas escatológicos, pues avizorar el futuro, el juicio o el fin de los tiempos ocasiona enorme interés e intensas reflexiones en el camino de comprender cuál es el destino último de la humanidad y de la creación. Tradicionalmente, ese capítulo de la doctrina cristiana siempre aparece al final de todos los tratados y hasta es motivo de bromas el hecho de que en las instituciones de educación teológica (al menos en América Latina) no se alcance a exponer o discutirse suficientemente al final de los cursos de teología sistemática.

La marca profunda que dejó la búsqueda del Jesús histórico, especialmente a partir de las conclusiones categóricas de Albert Schweitzer (padre de la «escatología consecuente»), y la comprensión de la centralidad de lo escatológico en el mensaje de Jesús ha propiciado que la teología posterior otorgue un lugar notable al tema, sobre todo al relacionarla con los demás aspectos de la doctrina cristiana. Desde la llamada «teología propia» hasta la misión, pasando por la ética, prácticamente no hay tema doctrinal que no se lea a partir del horizonte escatológico, lo que ha conducido a la afirmación de que prácticamente la totalidad de la teología se ha *reescatologizado,* ello como parte de las contribuciones (y del lenguaje) de Rudolf Bultmann al estudio del Nuevo Testamento. Su *Historia y escatología* (1957) es un hito imprescindible. Otro gran instante del interés por la escatología lo representa la obra de Oscar Cullmann, cuyo *Cristo y el tiempo* (1946) aún permanece como una referencia obligada. Queda claro que aquí el universo dominante es el de la teología protestante.

Gracias a Jürgen Moltmann, la teología del siglo pasado, luego de los diversos jalones apuntados (más los propios de la herencia bultmanniana) recibió otro nuevo impulso al incorporar a su visión global el peso de la influencia del futuro y, sobre todo, la esperanza (por la influencia determinante de Ernst Bloch), como conceptos y realidades, pues como resume Rosino Gibellini (*La teología del siglo XX*) al mirar hacia atrás del teólogo reformado alemán: «Aquí el *ésjaton* es la posibilidad, ofrecida en la fe, de transformar cada momento de la existencia en momento escatológico. Sobre todo en la postura radical de Bultmann, la escatología absorbe la historia, y la esperanza experimenta una contracción privatizante, como esperanza del alma aislada».

Este nuevo volumen de Alberto F. Roldán da continuidad a sus diversos esfuerzos que se han materializado especialmente en *Escatología: una visión integral desde América Latina* (2002;

reeditado en 2018, con un tono más militante: *Escatología. ¿ciencia ficción o Reino de Dios?*), un auténtico manifiesto o programa desde el título, donde hizo un repaso bastante aceptable del tema, además de sus múltiples abordajes acerca del Reino de Dios. En esa línea, *Hermenéutica y signos de los tiempos* (2016, otro título paradigmático) incluye un tratamiento magistral del pensamiento de Schweitzer. Lo que Roldán ha hecho ahora es no solamente completar aquel panorama (en el que se ocupó también de autores católicos) sino profundizar en tres autores que representan espacios interpretativos obligados: George Eldon Ladd, una especie de «santo patrono» de los estudios evangélicos al respecto (que por lo mismo no es muy tomado en cuenta en las grandes recopilaciones), y por quien emprende un viaje por los difusos rumbos del dispensacionalismo, esa corriente que tuvo tantos adeptos en décadas pasadas y que puso tanto énfasis en el milenio; Moltmann, que discute a fondo una vez más; y al final quien es quizá la gran novedad en la región, dado su difícil acceso, Wolfhart Pannenberg. Sobre cada uno de ellos el análisis es minucioso y propositivo, sin dejar de lado los diversos enfoques de que han sido objeto. Parecería que C. H. Dodd hubiera ameritado una revisión más detenida, pues su enfoque de la «escatología realizada» tampoco ha tenido mucha fortuna en nuestro medio.

Con el abordaje de Moltmann y su «resituación» de la escatología, Roldán lleva a cabo una relectura que llevaba mucho tiempo esperándose para dejar atrás lo que pareció una moda o un cliché para adornarse al citar a este teólogo. El planteamiento de Roldán consistió en bucear en aguas profundas para asir lo específico de la aportación moltmanniana. A riesgo de extendernos, es preciso mostrar concretamente cómo lo hace:

> La teología de Jürgen Moltmann inaugura una nueva etapa en el campo de la escatología cristiana. A partir de su obra *Teología de la esperanza,* el teólogo reformado marca un camino nuevo para resituar la escatología, *no ya como el último capítulo de la dogmática sino, precisamente, como el primero.* Ella surge a partir del diálogo que mantiene con Ernst Bloch, filósofo judío alemán que plante el «principio esperanza» como núcleo de su filosofía y que, *a pesar de su ateísmo, admite que donde hay*

religión, hay esperanza. Sin embargo, es preciso preguntarnos ¿hasta qué punto influye Bloch en Moltmann? ¿Es «el principio esperanza» análogo a la «teología de la esperanza» que Moltmann formula? En otros términos: ¿adopta Moltmann de modo acrítico esa filosofía del pensador judío-alemán? ¿Qué otros aspectos, además de la esperanza, son importantes en la reconstrucción de la escatología que encara Moltmann? (p. 41, énfasis agregados.)

Para Moltmann, como ya se ha dicho líneas arriba, *todo es escatológico en la fe cristiana* («[...] en la vida cristiana, la prioridad pertenece a la fe, pero el primado pertenece a la esperanza»), pero especialmente la cristología y la eclesiología. Pero no hay que olvidar que el enfoque de este libro es, nuevamente la hermenéutica, aunque ahora en plural, entendiendo ésta(s) como una forma de acceso interpretativo de todo lo que tiene que decir el futuro de la fe al presente de la misma en todas sus manifestaciones. De ahí que Roldán sea bastante exhaustivo al momento de sondear intensamente las diversas aristas de la escatología moltmanniana: Trinidad, misión, política, cosmos y gloria, en un auténtico *tour de force* que no descansa hasta demostrar los alcances de esta visión abarcadora y totalizante. Su evaluación también lo es:

> En suma, la hermenéutica escatológica de Moltmann es decididamente interdisciplinaria porque, desde la Biblia, pasando por la teología sistemática, el pensamiento judío post guerras mundiales sobre el mesianismo y la filosofía en sus diversas vertientes—San Agustín, Tomás de Aquino, Kant, Hegel, Kierkegaard, Whitehead, entre otros—desarrolla una escatología integral que responde a los acuciantes problemas de un mundo amenazado, a la espera de la venida gloriosa de Cristo y la plenitud del reino de Dios en cielos nuevos y tierra nueva cuando, según la perspectiva paulina, «Dios será todo en todos», y la realidad espacio-temporal será superada por la eternidad de gozo del Dios trino con su creación. (p. 86)

Con Pannenberg, Roldán practica algo similar para mostrar la profunda relación que este teólogo encontró entre la escatología del Reino de Dios y el fin de la historia. Poniendo en marcha una «hermenéutica escatológica crítica», el teólogo luterano alemán destaca por analizar «críticamente las propuestas de los teólogos» y por cuestionar «a algunas escuelas filosóficas que de alguna manera se relacionan con los temas escatológicos» (pp. 92-93). Enorme conocedor de la historia de la filosofía, este conocimiento le sirvió para dialogar con los autores más avezados y atentos a esta problemática. Al momento de evaluar la teología que lo antecedió, Pannenberg es conciso y puntual, pues en cada exponente encuentra virtudes, pero también lagunas o riesgos que no dejó de señalar agudamente.

Una de las consecuencias ideológico-prácticas que encuentra en esta escatología es la centralidad del Reino de Dios, eje fundamental en un sistema de ideas bastante consecuente, expuesta de manera acorde con todos los elementos de la teología contemporánea, en busca de todas sus consecuencias, una de las cuales, acaso la más ausente en el ambiente latinoamericano (ética individual y comunitaria), es señalada con claridad meridiana, especialmente a la luz de las tensiones entre esa realidad anunciada y vivida por Jesús de Nazaret, por un lado, y la misión histórica de la iglesia en el mundo real:

> Pannenberg explica la importancia central del reino de Dios en Jesús al punto de afirmar su carácter eterno y definitivo mientras la iglesia es un fenómeno temporal. En ese contexto, entra en el ámbito de la política ya que *la ética de Jesús, bien entendida, no es un recetario de comportamientos individuales en una vida interior y privada.* Esto último sucede cuando se interpretan mal las palabras de Jesús: «Mi reino no es de este mundo». No lo es, pero sí está en este mundo y su propósito es transformar a este mundo. Por eso Pannenberg critica a las iglesias encerradas en sus templos que viven una vida «espiritual» pero desentendiéndose de los problemas sociales. Ésa es la mejor receta para que se transformen en instituciones conservadoras del *statu quo*. Pannenberg también tiene muy claro la relación entre justicia y paz. Para que esta se materialice en el mundo es requisito practicar la justicia de la que hablaron los profetas y también el propio Jesús. (p. 129, énfasis agregado)

Hasta aquí esta entrada en materia para familiarizarse con un libro singular y potencialmente de gran utilidad para toda persona interesada seriamente en la teología actual surgida desde el protestantismo latinoamericano. Esperamos haber provocado el apetito de los lectores/as para volcarse en él, pues no los defraudará y producirá, seguramente, un diálogo apasionado. Roldán continúa su trabajo persistente con una fe ciega en la función formativa y transformadora de la teología, toda una lección de vida, pensamiento y acción. Un digno remate para este gigantesco empeño teológico son las últimas palabras del libro, pues tal como sucedió con los tres autores estudiados, este autor consigue también

> resaltar la centralidad de la escatología cristiana, redescubierta en el siglo XX, para ubicarla como tema ineludible de la teología, ya que ilumina el futuro de Dios, invitando a la Iglesia al anuncio del reino que será consumado en la parusía de Jesucristo para inaugurar el fin de la historia. Un fin que no es el desenlace terrorífico del mundo sino la penetración de la eternidad de Dios en el tiempo, para dar lugar a la vida eterna que Dios compartirá con toda su creación en la gloria: el *non plus ultra* de la *Heilsgeschichte*. Por eso, una vez más proclamamos: *Soli Deo gloria.* (p. 137)

Leopoldo Cervantes-Ortiz
Ciudad de México, 15 de mayo de 2020

Prefacio

> *Bienaventurado el que lee, y más bienaventurado el que no se estremece ante la cimitarra de la economía, que veda el acceso al dudoso paraíso de libros y revistas, en estos años de ira, de monstruos que ascienden desde la mar, de blasfemias que descienden para cercenar el tartamudeo, y de dragones a quienes seres caritativos filman y graban el día entero para que nadie se llame a pánico y se les considere criaturas mecánicas y no anticipos del feroz exterminio.*
>
> —Carlos Monsiváis[2]

Por muchos años me he dedicado a estudiar la escatología cristiana desde una perspectiva bíblica y sistemática. El objetivo de la presente obra es exponer las escatologías cristianas protestantes y evangélicas, centrándonos en el análisis de las hermenéuticas que, de modo explícito o implícito, se detectan en su articulación. Este enfoque de las varias escuelas ya ha sido encarado por otros autores. En particular, podemos citar la obra de Robert G. Clouse, editor de *The Meaning of the Millenium*[3] donde participan en el debate escatológico cuatro especialistas que representan a su vez otros tantos puntos de vista, tomando como eje central su interpretación del milenio. Se exponen, entonces, el premilenarismo histórico, el premilenarismo dispensacional, el amilenarismo y el posmilenarismo y los autores debaten entre sí sobre los puntos fuertes y los puntos discutibles

---

[2] Carlos Monsiváis, «El Apocalipsis en arresto domiciliario» en *Los rituales del caos,* México: Ediciones Era, 1995, p. 248. Cursivas originales.

[3] Robert G. Clouse, ed., *The Meaning of the Millenium: Four Views,* Illinois: InterVarsity Press, 1977. Versión en castellano: *¿Qué es el milenio?* Trad. V. David Secada, El Paso: Casa Bautista de Publicaciones, 1991.

de cada una de esas posiciones. Casi como un misterio no revelado, las escatologías del ámbito evangélico se han centrado en el milenio y, a partir de ese eje, se definen como premilenaristas, amilenaristas y posmilenaristas. La presente obra no tiene por objeto discutir la literalidad o simbología del milenio, sino que su propósito es profundizar en las distintas hermenéuticas, tanto del campo evangélico como del ámbito protestante, aplicadas a la escatología. Las escatologías evangélicas están representadas por George Eldon Ladd quien—aunque está inscrito dentro de la corriente premilenarista histórica—entra en diálogo fértil con las otras escuelas mencionadas. Acaso, lo más destacable del trabajo de Ladd radica en su crítica y toma de distancia del dispensacionalismo, para afirmar la presencia del reino de Dios en el aquí y ahora de la historia. Luego, analizamos la hermenéutica escatológica de Jürgen Moltmann centrada en el eje de la esperanza, que surge como diálogo con el *principio esperanza* postulado por el filósofo judío-alemán Ernst Bloch. Desde ese punto liminar, el teólogo reformado se nutre del pensamiento judío de posguerra, reflexiona sobre el insondable tema de tiempo y eternidad, para formular una teología crítica a los nuevos mesianismos y el exterminio de la vida en todas sus formas, perspectiva que debe ser sustituida por una ética del cuidado de la creación que derive en una escatología cósmica y doxológica. Finalizamos con un estudio de la hermenéutica de Wolfhart Pannenberg—teólogo luterano y uno de los más sólidos sistemáticos de la segunda mitad del siglo XX—cuyo aporte principal radica en su enfoque trinitario, su énfasis pneumatológico, su reflexión sobre el fin de la historia y la justificación de Dios—más allá de Hegel—en la consumación de su reino.

Entendemos que la escatología no nos ofrece un mapa de futurología para saber el enigma de los tiempos, sino que es vital para nuestra fe en Jesús de Nazaret, quien inaugura la escatología. No en vano dice el escritor de la carta a los Hebreos que Dios, «en estos días finales» [*ἐπ' ἐσχάτου τῶν ἡμερῶν* «días escatológicos»] nos ha hablado por medio de su Hijo». (Heb. 1.2). Como observara atinadamente Ernst Käsemann,[4] la apocalíptica es la madre de la teología cristiana, al punto que, argumentaba el exégeta alemán, se podría preguntar si existe legítimamente una teología cristiana fuera de ese marco. Por supuesto, la fertilidad del lenguaje apocalíptico permite las más variadas interpretaciones debido a la naturaleza simbólica de rico ese género literario. Carlos Monsiváis—que estuvo asociado al metodismo mexicano—recrea ese lenguaje de modo insuperable en el epígrafe inserto y que, en su parte culminante dice:

> Y en ese instante vi el apocalipsis cara a cara. Y comprendí que el santo temor al Juicio Final radica en la intuición demoníaca: uno ya no estará para presenciarlo. Y vi de reojo a la Bestia con siete cabezas y diez cuernos, y entre sus cuernos diez diademas, y sobre las cabezas de ella nombre de blasfemia. Y la gente le aplaudía y le tomaba fotos y videos, y grababa sus declaraciones exclusivas, mientras, con claridad que había de tornarse bruma dolorosa, llegaba a mí el conocimiento postrero: la pesadilla más atroz es la que nos excluye definitivamente.[5]

Las variadas interpretaciones del Apocalipsis sobreabundan en la actualidad, cuando asistimos a la pandemia del Covid 19 en pleno siglo XXI. A partir de esta trágica realidad se han elaborado las más extrañas teorías, entre las cuales se destaca el perfil de una deidad sanguinaria que tiene más reminiscencias de un Dios vengativo que del Dios de amor encarnado en Jesús de Nazaret. El objetivo de esta obra no es especular si ese mal es el cumplimiento de algún vaticinio bíblico. Su propósito no está centrado en el final del mundo en términos de terror, fuego y muerte, sino que, más allá de ese aciago futuro, intento extenderme a lo que he dado en llamar: el *non plus ultra* de la historia de la salvación: la reconciliación del Dios trino con toda su creación, en lo que el Apocalipsis con sus polícromas imágenes

---

[4] Ernst Käsemann, *Ensayos exegéticos,* trad. Ramón Fernández, Salamanca: Sígueme, 1978, p. 216

[5] *Op. Cit.,* p. 250. Cursivas originales. Para un estudio de la presencia de la escatología y la apocalíptica en la narrativa latinoamericana véase Alberto F. Roldán, *Escatología ¿Ciencia ficción o Reino de Dios?,* 2da. Edición revisada y ampliada, Buenos Aires: Ediciones Kairós, 2018, pp. 169–184.

denomina: «cielo nuevo», «tierra nueva», «la nueva Jerusalén que bajaba del cielo… como una novia hermosamente vestida» y «un río de agua de vida, claro como el cristal».[6] Por alguna razón que parece un misterio no revelado, las escatologías del espectro «conservador»—como el propio Ladd las denomina—centran todo su interés en el milenio, pero, al subrayar ese aspecto, se quedan en la penúltima estación del viaje escatológico y minimizan la meta final de la historia: el nuevo mundo del Dios trino y uno, creador y redentor. Ni la escatología ni la apocalíptica deben ser terreno para las especulaciones del futuro del mundo, sino que más bien deben servirnos de acicates para nuestra acción en el aquí y ahora del mundo. Como bien dice Míguez Bonino: «Una fe escatológica le permite al cristiano invertir su vida históricamente en la construcción de un orden provisorio e imperfecto, en la seguridad de que ni él—personal y comunitariamente—ni su esfuerzo son absurdos y fugaces».[7]

Esta obra está dedicada con profundo amor a mis hijos: Myrian, David y Gerardo, de quienes sólo tengo motivos de gratitud y que me ayudaron a comprender el mundo y sus transformaciones culturales. Hago menciones especiales a mi querida esposa, Emilia, cuyo amor, ternura y compañía me han permitido llegar a esta meta; a Eriberto Soto, que me obsequió obras importantes de Wolfhart Pannenberg; a los doctores Luis N. Rivera-Pagán—profesor emérito del Princeton Theological Seminary—y Martín Hoffmann—profesor en la Universidad Bíblica Latinoamericana—quienes han leído y ponderado este trabajo; al profesor Jorge Campoy, amigo entrañable y ávido lector de mis obras, que ha tenido a bien revisar algunas de mis traducciones de textos en inglés; al profesor Fernando Otaduy que me proveyó de importante bibliografía en inglés y, finalmente, al

---

[6] Ap. 21.1-2 y 22.1 *Nueva Versión Internacional* (NVI). Las citas bíblicas en esta obra son tomadas de esa versión de la Biblia, salvo cuando se indique lo contrario. Lo que la *NVI* vierte como «hermosamente» corresponde al verbo griego κεκοσμημένην (cf. 1 Ti. 2.9; 1 Pe. 3.5) de donde procede el término «cosmético». Es posible que la mejor traducción sea la de la Biblia de Jerusalén: «como una novia ataviada». Se refiere a la belleza de la novia, un matiz feminista que es digno de resaltar y encomiar.

[7] José Míguez Bonino, *La fe en busca de eficacia,* Salamanca: Sígueme, 1977, p. 182.

dilecto amigo Leopoldo Cervantes-Ortiz, que embellece esta obra con un prólogo esmerado y generoso.

Si la lectura del presente libro suscita en los lectores una esperanza activa en el futuro de Dios y su realización de los nuevos cielos y la nueva tierra, mi expectativa como autor será ampliamente satisfecha. *Soli Deo Gloria.*

Alberto F. Roldán
Ramos Mejía, 30 de abril de 2020, año de cuarentena

1

La escatología de George E. Ladd: Hermenéutica milenial

> *El reino de Dios es el gobierno soberano de Dios manifestado en la persona y obra de Cristo, creando un pueblo sobre el cual él reina, remitiéndolo a una esfera o esferas en las cuales el poder de su reino es realizado.*
>
> George E. Ladd

George E. Ladd (1911–1982), fue un teólogo estadounidense que trabajó con bastante amplitud la escatología bíblica. Por muchos años fue profesor de Nuevo Testamento, Historia y Teología Bíblica en el Fuller Theological Seminary de Pasadena, EE. UU. Por esas razones, es un buen representante de lo que podríamos denominar «teología evangélica» en el sentido de estar relacionada con el espectro evangélico (*evangelical*). Ladd realizó estudios teológicos en el Gordon College of Theology y en Gordon Divinity School, obteniendo su PhD en la Universidad de Harvard. Una de sus primeras publicaciones sistemáticas sobre la escatología es su obra *Crucial Questions about the Kingdom of God*.[8] Posteriormente publicó una obra más amplia sobre el tema, titulada: *The Presence of the Kingdom*.[9] Como ambos títulos lo indican, el centro de su reflexión escatológica es el reino de Dios.

---

[8] George E. Ladd, *Crucial Questions about the Kingdom of God,* Grand Rapids: Eerdmans, 1952.

[9] George E. Ladd, *The Presence of the Future,* Grand Rapids: Eerdmans, 1962.

HERMENÉUTICAS ESCATOLÓGICAS EN LA ANTIGÜEDAD

Primero, Ladd hace un recorrido histórico de cómo se fue desarrollando la escatología en el período antiguo y medieval. Afirma que, durante los dos primeros siglos del cristianismo, la comprensión del reino de Dios fue eminentemente escatológica. Ya en un documento tan antiguo como la *Didajé* se incluye la oración: «Recuerda, Señor, a tu Iglesia... a juntarla en su santidad desde los cuatro vientos para tu reino que has preparado para ella».[10] Pero a esa perspectiva futurista del reino de Dios se opone más adelante con Orígenes y San Agustín una visión no-escatológica del reino. Ladd recuerda que Orígenes, el gran teólogo alejandrino, establecía los tres sentidos que tiene un texto bíblico y que es menester distinguir: el sentido somático (literal o natural), el sentido psíquico (o moral) y el sentido espiritual o neumático. Siendo Orígenes tan afecto a la alegoría, al punto de que en Estados Unidos algunos estadounidenses lo llaman «Mr. Alegoría», rechazó el sentido literal de muchas porciones de la Escritura y, por ende, espiritualizó el reino. Otra influencia importante—ya en los siglos IV y V—fue la de San Agustín de Hipona que en su obra *La ciudad de Dios*, identificó a la Iglesia con el reino de Dios y, entonces, «explicó que el milenio en Apocalipsis 20 representaba la experiencia cristiana donde Cristo reaviva al alma creyente del estado de muerte espiritual y comparte su vida espiritual para reinar con él».[11] Ladd destaca que Agustín fue el primero en identificar a la Iglesia (católica) como el reino de Cristo y la ciudad de Dios, por lo que el reino milenial al fin y al cabo había comenzado en la primera venida de Cristo y no tiene un cumplimiento futuro. A la luz de estos pocos datos del cristianismo de los primeros siglos, aparece el contraste entre una hermenéutica literal del reino de Dios que incluye la segunda venida de Cristo y una hermenéutica espiritualizante representada por Orígenes y desarrollada más sistemáticamente por San Agustín.

---

[10] Cit. por Ladd, *Crucial Questions about the Kingdom of God*, p. 22.
[11] *Ibid.*, p. 24.

HERMENÉUTICAS ESCATOLÓGICAS EN LA ERA MODERNA

Otra etapa histórica que toma en consideración Ladd es la modernidad. Aquí menciona a teólogos tales como Albrecht Ritschl, Harnack, Johannes Weiss y Albert Schweitzer. El primero, con fuerte impronta kantiana, definió al reino como el producto de la unificación humana inspirada en el amor. Harnack hizo popular su idea del reino como el gobierno santo de Dios en los corazones de los individuos. Por su parte Weiss, que era yerno de Ritschl, fue uno de los pioneros en considerar que el reino de Dios no es producto del amor de los seres humanos sino la irrupción de una gran tormenta divina que está destinada a transformar el mundo. Ambos representan lo que se denomina «escatología consistente». Cabe consignar que Weiss no difundió su concepto sino después de que su yerno hubiera fallecido. Finalmente, en esta etapa moderna, se destaca la figura de Albert Schweitzer, hombre de muchos intereses—médico, teólogo, filántropo y músico—que en su búsqueda del Jesús histórico interpretó que el maestro galileo pensaba en la pronta venida del reino de Dios. El tiempo iba pasando y ese reino no aparecía. Entonces formuló una «ética del ínterin» plasmada en el Sermón del Monte. Como el reino ya estaba lejos de aparecer, en una actitud suicida se va a Jerusalén para ver si de ese modo el reino irrumpía. De ese modo, interpretan muchos teólogos, Schweitzer destruye la escatología, pero, por otro lado, obligó a los teólogos posteriores a interesarse vivamente por la escatología.[12]

El británico C. H. Dodd—especialista en Nuevo Testamento—representa una nueva propuesta con su «escatología realizada». A partir de su obra *The Parables of the Kingdom,* Dodd interpreta: «El *eschaton* se ha movido del futuro al presente, de la esfera de expectación a la experiencia realizada».[13] Lo escatológico, interpreta Dodd, tiene que ver con realidades supra sensibles y supra históricas. Finalmente, en su recorrido histórico,

---

[12] Para un análisis más pormenorizado de la escatología de Schweitzer, véase Alberto F. Roldán, *Hermenética y signos de los tiempos,* Buenos Aires: Ediciones Teología y cultura, 2016, capítulo 6

[13] Cit. por Ladd, *Crucial Questions about the Kingdom of God,* p. 35. Cursivas originales. Hay traducción al castellano de la obra de C. H. Dodd: *Las parábolas del Reino,* trad. Alfonso de la Fuente, Madrid: Cristiandad, 1974.

Ladd presenta algunos intentos en búsqueda de una síntesis. Destaca el aporte de G. Gloege en su libro *The Kingdom of God and the Church in the New Testament*. Partiendo del concepto de que el reino de Dios es la actividad de Dios para la redención de la humanidad, ese reino es futuro y escatológico «pero también está presente porque el reinado futuro es manifestado en la presente era, y por cuanto el reinado de Dios se manifiesta en las poderosas obras de Jesús».[14] Otro autor que está en la misma línea que Gloege es H. D. Wendland en su obra *The Eschatology of the Kingdom of God according to Jesus*. Plantea que el reino de Dios tiene una polaridad entre una cualidad futurista y una cualidad trascedente. El reino trascendente actúa hoy en el mundo exigiendo la decisión de los seres humanos y también estuvo presente en Jesús en tanto Mesías. También Rudolf Otto escribió un influyente libro sobre el reino de Dios que está en la misma orientación que Wendland. Para Otto, el reino de Dios vino en la persona y misión de Jesús. El teólogo alemán interpreta los pasajes de Mateo 12.25-29, Lucas 10.18, 11.21 y Apocalipsis 12.7 a la luz de la mitología irania. Pero hay un detalle que destaca Otto: no es que Jesús trae el reino, sino que más bien es el reino que trae a Jesús.

El breve repaso histórico que hace Ladd sobre la escatología en la búsqueda de síntesis, culmina con dos teólogos: W. G. Kümmel y C. J. Cadoux. El primero, en su obra *Verheissung und Erfüllung* (vertida al inglés como *Promise and Fulfillment*) en la cual presenta a Jesús como quien esperaba la venida del reino en su generación, pero también lo veía como una realidad que ya actuaba en su persona. «Por lo tanto la aceptación de Jesús significó en efecto la aceptación del futuro reino. En Jesús el reino había comenzado y en él sería consumado».[15] En cuanto a Cadoux, Ladd considera que su aporte consiste en que Cadoux entiende al reino en la enseñanza de Jesús tanto como el reinado de Dios como también en tanto sociedad de seres humanos en desarrollo. «La esencia del reino es la relación filial con Dios: el reino existe en tanto y en cuanto el hombre se somete a una relación filial con Dios. Jesús fue el hijo obediente *par excellence*

---

[14] Cit. en *Crucial Questions about the Kingdom of God*, p. 36
[15] Ladd, *Crucial Questions about the Kingdom of God*, p. 38.

y, por lo tanto, incorpora el reino en su persona».[16] Sin embargo, un punto crítico en la escatología de Cadoux consiste en que, para él, Jesús estaba errado en cuanto a la forma que tomaría el triunfo del reino, que finalmente se concretó en el surgimiento de la Iglesia. Hasta aquí el resumen de la exposición de Ladd en cuanto a la comprensión del reino de Dios tanto en la antigüedad como en la modernidad. Veamos ahora lo que Ladd denomina «interpretaciones conservadoras del Reino de Dios».

HERMENÉUTICAS ESCATOLÓGICAS EN EL ÁMBITO EVANGÉLICO

En este segmento, Ladd expone las clásicas escuelas de escatología que toman como eje central el milenio y se constituyen o definen como: posmilenarismo, premilenarismo—histórico y dispensacional—, y amilenarismo y a las cuales denomina genéricamente como «conservadoras». Todas esas escuelas representan disímiles hermenéuticas en la articulación de sus respectivas escatologías, pero coinciden al tomar como eje central el milenio de Apocalipsis 20.

Posmilenarismo. El primer teólogo representante de esta escuela es, para Ladd, B. B. Warfield, que aseguró que antes de la venida de Cristo en gloria habría una edad de oro en la cual el Evangelio de Cristo conquistaría al mundo. Esa interpretación es conocida como posmilenarismo: Cristo no retornaría a la tierra sin que antes se concretara esa edad de oro o del milenio, de allí que esta hermenéutica escatológica sea definida como posmilenarista. Otro autor de esa escuela, James H. Snowden, afirmó en lenguaje pictórico: «El progreso del mundo es como un río en el cual cada nación y cada generación se convierte en una corriente tributaria».[17] Y agrega Snowden sin ambages: «Éste será el milenio».[18] Las dos guerras mundiales tornaron insustentables este punto de vista optimista de la historia y de la escatología, pero como bien dijo un escritor francés: «las ideas no se matan», reapareció en autores como Alan R. Ford y, entendemos que

---

[16] *Ibíd.*
[17] Cit por Ladd en *Ibíd.*, p. 47.
[18] *Ibíd.*

también está presente hoy en los movimientos de renovación carismática que postulan un «reinado de la Iglesia» antes de la venida gloriosa del Señor.[19]

Premilenarismo. En el extremo opuesto del posmilenarismo está el premilenarismo que postula que Jesucristo volverá antes del milenio y que el mismo representa exactamente lo que dice literalmente: mil años de reinado. Este punto de vista, comenta Ladd, ha sido sostenido por teólogos críticos y notables, tales como Zahan, Godet, Alford y Tregelles. No obstante, afirma que hasta la fecha no ha habido un estudio crítico y comprehensivo del reino de Dios dentro de la perspectiva premilenaria histórica. Esto, como veremos, intentará ofrecer el mismo Ladd.

Premilenarismo dispensacional. Ladd se refiere a esta variante del premilenarismo que tiene a las dispensaciones como un eje conceptual de su hermenéutica.[20] Lo remonta a los Plymouth Brethren, uno de los modelos eclesiásticos vinculado con «iglesia de creyentes» surgido en Inglaterra en el siglo XIX. Entre sus líderes se destacaron John Nelson Darby y William Kelly a los cuales también debería agregarse el pietista de origen alemán George Müller, famoso por la creación de orfanatos en Bristol. Darby sistematizó el dispensacionalismo habiendo introducido también la teoría del «rapto secreto» de la Iglesia, antes de la parusía de Cristo. Sin embargo, debemos consignar un dato que desconoce Ladd: existe un antecedente latinoamericano del dispensacionalismo que remite a Miguel Lacunza, teólogo jesuita chileno que publicó una obra titulada: *La venida del*

---

[19] En *Escatología. ¿Ciencia ficción o Reino de Dios?*, 2da Edición, Buenos Aires: Ediciones Kairós, 2018, pp. 98–100 ofrecemos más datos sobre el posmilenarismo histórico y sus nuevas expresiones. Un teólogo representativo del posmilenarismo fue el estadounidense Loraine Boettner, véase su obra *Immortality,* Philadelphia: The Presbyterian and Reform Publishing Co., 1956. Loraine Boettner también ha escrito sobre la predestinación en perspectiva calvinista. Véase: *The Reformed Doctrine of Predestination,* Grand Rapids: Eerdmans, 1954.

[20] Howard Snyder critica al dispensacionalismo porque intenta resolver la tensión entre presente y futuro del reino de Dios mediante una fragmentación histórica. Y agrega: «Es así que el dispensacionalismo, y la mayoría de las teorías del milenio, dividen el plan de Dios o su economía en distintas edades o dispensaciones. El Nuevo Testamento sólo habla de "esta era" o "la era venidera", mientras que las teorías dispensacionalistas subdividen la "era venidera" en una serie de etapas sucesivas». Howard A. Snyder con Joel Scandrett, *La salvación de toda la creación,* trad. Raúl Padilla, Buenos Aires: Ediciones Kairós, 2017, p. 233

Mesías en reino y majestad.[21] La nueva escuela surgida en Inglaterra influyó fuertemente en Estados Unidos y entre sus representantes más destacados en la primera etapa se encuentran: James Gray, A. C. Gaebelein, R. A Torrey y el propio C. I. Scofield. Este último es famoso por haber producido *The Scofield Reference Bible,* traducida tardíamente al español pero que era de lectura frecuente de los misioneros estadounidenses en América Latina. En una etapa posterior y, a modo de revitalización del esquema, se destacan las obras de Dwight Pentecost *Things to Come: A Study in Biblical Eschatology*[22] y Charles Ryrie: *Dispensationalism Today,*[23] asociados al Dallas Theological Seminary, la institución más importante de esa corriente en el mundo.

Amilenarismo. El amilenarismo sostiene, como el término lo implica, que no hay un milenio literal del gobierno de Cristo en la tierra, sino que es un período indefinido y de significado espiritual. Entre los promotores del amilenarismo, Ladd cita a Philip Mauro que, aunque fue un laico, escribió más de veinticuatro libros y artículos en abierta oposición al dispensacionalismo. También menciona a William Masselink, William Rutgers del Calvin Theological Seminary, Oswald Allis y Louis Berkhof. Podemos agregar que posteriormente—y en la

---

[21] Más precisiones sobre la influencia de Lacunza: «El premilenialismo de Irving fue influido por una obra de 1790 del jesuita español Manuel de Lacunza y Díaz [pseudo J. J. Ben-Ezra], *La Venida del Mesías en gloria y majestad* (1790)». Paul S. Boyer, *When Time shall be no more. Prophecy Belief in Modern American Culture,* Harvard: The Belknap Press, 1992, p. 262. Edward Irving (1792–1834) fue un pastor presbiteriano escocés que, por influencia de Lacunza reconstruyó las ideas premilenaristas que luego recepciona y amplía John Nelson Darby mediante su sistema del «dispensacionalismo» y la idea del «rapto secreto» de la Iglesia. El dispensacionalismo formulado por Darby refleja las influencias del sionismo. Como indica Dan Cohn-Sherbok: «Para Darby, los judíos serán primeros instrumentos de Dios para su gobierno en la tierra. El Señor vaciará la tierra de sus habitantes —escribe— y se la dará a Israel». Dan Cohn-Sherbok, *Introduction to Zionism and Israel. From Ideology to History,* Nueva York: Continuun Publishing, 2012, p. 37. Para más datos históricos del dispensacionalismo véase José Grau, *Escatología. Final de los tiempos,* Barcelona: Clie, 1977, pp. 159–203.

[22] J. Dwight Pentecost, *Things to Come: A Study in Biblical Eschatology,* Grand Rapids: Zondervan, 1976 (versión en castellano: *Eventos del Porvenir: Estudios de Escatología bíblica,* 2da. Edición, Miami: Editorial Vida, 1989).

[23] Charles Ryrie, *Dispensationalism Today,* Chicago: Moody, 1965. Versión en castellano: *Dispensacionalismo, hoy,* Barcelona: Portavoz Evangélico, 1974.

misma línea interpretativa—Anthony Hoekema produce una obra titulada *La Biblia y el futuro.* A modo de síntesis, Ladd dice: «El amilenarismo considera que el reino de Dios es completamente una realidad espiritual y presente. El reino milenial de Cristo en Apocalipsis 20 debe interpretarse también espiritualmente».[24]

ACERCAMIENTOS HERMENÉUTICOS A APOCALIPSIS 20

Ladd dedica el capítulo 7 de su libro específicamente a la cuestión hermenéutica. Para nuestros fines, ese capítulo es clave para entender la importancia de la hermenéutica aplicada a la escatología bíblica y las críticas que Ladd formula a lo que considera «hermenéutica espiritual» de Apocalipsis 20. Ladd propone que el primer acercamiento teológico debe ser el exegético. «El acercamiento exegético debe preceder siempre al teológico».[25] Cuestiona el procedimiento de venir a las Escrituras con un sistema de escatología ya elaborado que luego es introyectado en ese sistema. El punto decisivo y, como veremos, de difícil resolución, es lo que Ladd denomina «apropiada hermenéutica». Hay dos afirmaciones rotundas del autor cuando dice: «La exégesis debe siempre preceder a la teología. La exégesis involucra la hermenéutica».[26] En cuanto al tipo de hermenéutica que hay que utilizar para interpretar Apocalipsis 20 Ladd cita a Berkhof quien cuestiona al premilenarismo por su «inadecuada hermenéutica». Y formula una pregunta decisiva: «¿Podemos afirmar que las Escrituras *siempre* deben ser interpretadas literalmente?»[27] Responde que no debe ser así y ofrece el ejemplo de Hebreos 8.6-13 donde el autor de esa epístola

---

[24] Ladd, *Crucial Questions about the Kingdom of God,* p. 56. En la misma perspectiva se inscribe William Hendriksen. Véase su obra *La Biblia sobre la vida venidera,* trad. Jerónimo Orellana, Grand Rapids, TELL, 1970 (Hay segunda edición por Libros Desafío, de Grand Rapids). Howard Snyder señala que la idea de un milenio literal se basa en un solo pasaje bíblico: Apocalipsis 20.2-8 y está ausente de modo total en el resto de las Escrituras. Además, los números en Apocalipsis son simbólicos y, por lo tanto, «debemos ser cautelosos en cuanto a teorías que se apoyan en un período literal de mil años de salvación». *Op. Cit.,* p. 233, nota 15.
[25] *Ibíd.,* p. 135.
[26] *Ibíd.,* 136.
[27] *Ibíd.,* 137. Cursivas originales.

aplica que el nuevo pacto a los corazones de quienes han aceptado a Cristo cuando en rigor, ese pasaje se refiere a Israel y Judá. Ladd coincide en un punto hermenéutico con Louis Berkhof al postular que «la principal guía para la interpretación del Antiguo Testamento está seguramente fundada en el Nuevo».[28] Ladd admite que, aunque ese principio es correcto algunas profecías del Antiguo Testamento son interpretadas espiritualmente, por caso cuando Juan el Bautista fue el «Elías» que precedería al Mesías (Mt. 11.13). No se trata de un Elías reencarnado sino de un Elías en sentido espiritual. De ello deduce que algunas profecías tienen que ver con una complejidad de eventos que no siempre se cumplen o han de cumplir literalmente sino más bien espiritualmente. «No hay un principio uniforme de la interpretación espiritual o simbólica que se deduzca del tratamiento que el Nuevo Testamento hace del Antiguo Testamento».[29] A modo de conclusión de estas reflexiones sobre la problemática hermenéutica en la interpretación de las profecías, Ladd dice que «no hay una *sola* interpretación en el estudio de la profecía, sea literal o espiritual».[30] Ladd postula entonces su predilección hermenéutica afirmando que a menos que por alguna razón el texto bíblico requiera una interpretación simbólica, hay que privilegiar la interpretación natural o literal del mismo. Con esos presupuestos encara luego su propia exégesis del pasaje de Apocalipsis 20.1-6. Para el teólogo estadounidense, la clave hermenéutica de ese pasaje está en poder determinar si la primera resurrección es literal, o sea, del cuerpo o espiritual, es decir, del alma. Hay dos posibles acercamientos hermenéuticos: la interpretación que denomina «natural» y la espiritual. Hay dos resurrecciones: una, que precede y otra que continúa el reinado de mil años de Cristo. La interpretación «natural» afirma que quienes resuciten antes de los mil años participarán de ese reinado con Cristo en la tierra, mientras Satanás permanece atado durante ese mismo período. La otra interpretación, «espiritual»—término que de todos modos no convence a Ladd—dice que la primera

---

[28] L. Berkhof, *The Kingdom of God,* p. 160, cit. por Ladd, *Crucial Questions about the Kingdom of God,* p. 138.
[29] *Crucial Questions about the Kingdom of God,* p. 140.
[30] *Ibíd.,* p. 141. Cursivas originales.

resurrección es espiritual y es heredera de San Agustín que identifica al milenio con todo el curso de la historia de la Iglesia. La clave exegética para entender el pasaje, argumenta Ladd, radica en el término griego ἔζησαν traducido: «vivieron». El autor del texto hace una distinción entre quienes «vivieron» al comienzo de los mil años y los que no vivieron hasta después de ese período. Para Ladd, los primeros que «vivieron» se refiere a quienes resucitaron antes del milenio mientras que los otros que no vivieron se refiere al hecho de que no resucitaron en ese tiempo. Y pregunta si el término griego puede referirse a una resurrección espiritual cuando la segunda vez que lo utiliza se refiere a una resurrección literal. Y concluye: «ninguna objeción puede surgir desde la base de que no hay posible hablar de una realidad espiritual y literal en el mismo contexto».[31] En síntesis: para Ladd, Apocalipsis 20.4-6 es muy claro e inequívoco en el sentido de que no hay necesidad de interpretar la palabra en modo espiritual para introducir un significado al pasaje. «El pasaje tiene un sentido perfectamente adecuado cuando se interpreta literalmente».[32]

Desde el amilenarismo está en las antípodas con esa interpretación literal, propia del premilenarismo. Uno de los representantes del amilenarismo, Anthony Hoekema ofrece la hermenéutica propia de esa escuela. Lo primero que indica es que el término «amilenialismo» es equívoco. «Sugiere que los amilenialistas o no creen en el milenio o simplemente no toman en cuenta los primeros seis versículos de Apocalipsis 20, que hablan de un reino de mil años. Ninguna de estas dos afirmaciones es correcta».[33] Por lo tanto y, debido a ese equívoco, cita la hipótesis de Jay Adams que en su libro *The Time is at Hand,* sugiere reemplazarlo por «milenarismo realizado». Hoekema afirma que los amilenaristas consideran que el milenio de Apocalipsis 20 no es exclusivamente futuro, sino que se trata de una realidad que está en proceso de realización. En forma clara, define en qué consiste la hermenéutica amilenarista: «Los

---

[31] *Ibíd.*, p. 144.
[32] *Ibíd.*, 146.
[33] Anthony Hoekema, *La Biblia y el futuro,* trad. Norberto E. Wolf, Grand Rapids: Subcomisión de Literatura, 1984, p. 199.

amilenialistas entienden que el milenio mencionado en Apocalipsis 20.4-6 describe el presente reinado de las almas de los creyentes fallecidos que están con Cristo en el cielo».[34] En su evaluación del premilenarismo histórico que sostiene Ladd, Hoekema admite que simpatiza con él en varios puntos: a. Que Dios no tiene dos pueblos paralelos: Israel y la Iglesia, como afirma el dispensacionalismo; b. que el reino de Dios es tanto presente como futuro; c. que en el presente la Iglesia disfruta de las bendiciones del reino; d. que los signos de los tiempos han estado presentes desde la primera venida de Cristo y se plenificarán en su segunda venida; e. que esa segunda venida no tiene dos fases: el «rapto» y la parusía propiamente dicha, como plantea el dispensacionalismo. De todos modos y, pese a esa ponderación positiva de la hermenéutica de Ladd, Hoekema considera que Apocalipsis 20 no aporta ninguna evidencia irrefutable a favor de un reinado milenario de Cristo en la tierra. Entonces, dedica un capítulo al análisis hermenéutico-exegético de Apocalipsis 20.

Comienza indicando que los capítulos 20 al 22 constituyen la última de las siete secciones del libro de Apocalipsis y, en consecuencia, 20.1 nos retrotrae al comienzo de la era neotestamentaria. Apelando a la naturaleza del género apocalíptico—dicho sea de paso, inventado por los judíos en el período intertestamentario—los números son simbólicos. Sentencia: «Parece muy probable, en consecuencia, que el número "mil" que se usa en este pasaje no debe ser interpretado de un modo estrictamente literal».[35] Sostiene que el período de mil años de que habla Apocalipsis 20 debe ser interpretado como el lapso desde la primera venida de Cristo hasta muy poco antes de su segunda venida. Respecto a la atadura de Satanás, Hoekema, aunque admite que fuera de Apocalipsis 20 no hay muchas referencias, lo relaciona sin embargo con Juan 12.31-33 donde Jesús dice que ahora es el juicio de este mundo y que el príncipe del mismo será echado fuera. «Es interesante notar que el verbo que se traduce "echar fuera" (*ekballō*) es un derivado de la misma raíz que la palabra utilizada en Apocalipsis 20:3: "Y lo arrojó

---

[34] *Ibíd.*, p. 200.
[35] *Ibíd.*, pp. 256-257.

(*ballō*) [a Satanás] al abismo"».[36] Esto significa, para Hoekema, que el milenio de Apocalipsis 20 representa la era del evangelio donde la influencia de Satanás—aunque no puede ignorarse—está de algún modo limitada, a que no puede impedir la proclamación del evangelio en el mundo. De ese modo, las naciones ni los poderes del maligno pueden contra la Iglesia y su misión evangelizadora.

Otro punto importante en la exégesis que ensaya Hoekema es el relacionado con la expresión «y vivieron» con Cristo mil años. Hoekema es consciente que tanto el premilenarismo histórico como el dispensacional interpretan ese verbo como una descripción de una resurrección literal y física de los muertos. Es cierto, dice, que ese término griego se puede referir a la resurrección física, como lo insinúan los pasajes de Mateo 9.18; Romanos 14.9; 2 Corintios 13.4 y Apocalipsis 20.8 pero si pregunta si es eso lo que significa en Apocalipsis 20.4. Se pregunta si esa «primera resurrección» de que habla Apocalipsis es una resurrección física, o sea, del cuerpo. Y opta por entender que el versículo 4 describe a las almas de los creyentes que han muerto y comparten el reinado con Cristo hasta su venida en gloria. «En otras palabras, el milenio es ahora, y el reinado de Cristo con los creyentes durante ese milenio no es un reinado terrenal sino celestial».[37] Hoekema cuestiona la interpretación de George Ladd de que la palabra *zaō* (tiempo presente de *ezēsan*) nunca se usa en el Nuevo Testamento para indicar las almas de los que viven después de la muerte. Y ofrece un ejemplo tomado de Lucas 20 cuando los saduceos negaban la resurrección y Jesús cita las palabras de Dios a Moisés en el sentido de que Él es el Dios de Abraham, Isaac y Jacob, concluyendo: «Dios no es Dios de muertos sino de vivos, pues para él todos viven» (Lc. 20.38 RVR1960). La hermenéutica amilenarista es resumida por el propio Hoekema en estos términos: «Visto de esta manera, el pasaje no dice nada respecto a un reinado terrenal de Cristo sobre un reino principalmente judío. Describe más bien el reinado con Cristo de las almas de los creyentes muertos, un reinado que tiene lugar en los cielos entre la muerte de ellos y la Segunda Venida

---

[36] *Ibíd.*, 259. Cursivas originales.
[37] *Ibíd.*, p. 263.

de Cristo. Describe asimismo el encadenamiento de Satanás durante la era presente de modo tal que él no puede impedir la expansión del evangelio».[38]

EL MILENIO: UN NUEVO ACERCAMIENTO HERMENÉUTICO

Llama la atención que la mayoría de escatologías del espectro evangélico se hayan estructurado a partir de un único pasaje bíblico que se refiere al milenio como un período de tiempo. Como veremos en otros capítulos, otras hermenéuticas escatológicas, si bien incluyen el milenio en sus consideraciones, toman otros caminos acaso mucho más enriquecedores para mostrar la importancia de la escatología y sus alcances superando así esquemas rígidos y discusiones acaso estériles. Es lo que observa Néstor Míguez con respecto a los mil años de Apocalipsis 20: «Asignar una importancia substancial a este número y lapso de tiempo, y además darle un valor descriptivo, como si los tiempos de Dios dependieran del calendario solar, ha provocado absurdas discusiones e inútiles temores».[39] Para el biblista argentino, el reino definitivo de Dios no es el milenio sino que se concretará en la nueva Jerusalén. Por lo tanto, a su entender ese reino es suprahistórico o metahistórico. Centrándose en que, para él, Apocalipsis es un conjunto de visiones que tuvo Juan en Patmos, ofrece lo que denomina «estrategia de lectura» de Juan 20: «el cap. 20 debe verse como profecía y visión de Dios, y es un

---

[38] *Ibíd.*, p. 268. Para otras interpretaciones de Apocalipsis 20.1-6 se pueden consultar: Leon Morris, *El Apocalipsis,* trad. C. René Padilla, Buenos Aires: Certeza, 1977; William Barclay, *Apocalipsis. El Nuevo Testamento comentado por William Barclay,* trad. Marcelo Pérez Rivas, Buenos Aires: La Aurora, 1975; Ricardo Foulkes, *El Apocalipsis de San Juan. Una lectura desde América Latina,* Buenos Aires: Nueva Creación, 1989; Elisabeth Schüssler-Fiorenza, *Invitation to the Book of Revelation,* New York, Image Books, 1981; Juan Stam, *Apocalipsis. Comentario Bíblico Latinoamericano,* 4 volúmenes, Buenos Aires: Kairós, 2009; George E. Ladd, *El Apocalipsis de Juan: Un comentario,* trad. Arnoldo Canclini, Miami: Editorial Caribe, 1978; Emilio Aliaga Girbés, *El Apocalipsis de San Juan. Lectura teológico-litúrgica,* Estella (Navarra), Verbo Divino, 2013. Para un estudio más profundo de la apocalíptica en la modernidad y la época contemporánea, véase Stephen J. Stein, editor, *The Encyclopedia of Apocaypticism,* vol. 3, New York: The Continuum Publishing, 1998.

[39] Néstor Míguez, *Juan de Patmos. El visionario y su visión. Una aproximación al Apocalipsis, su autor y sus imágenes,* Buenos Aires: La Aurora, 2019, p. 221.

capítulo de la ética política cristiana y el criterio de juicio que revela la verdadera identidad histórica de los seguidores de Cristo. Deja de ser un tratado mágico sobre las cronologías salvíficas para ser Evangelio (después de todo, el mismo Jesús nos advierte que en cuanto a los tiempos y las sacones Dios ha puesto todo bajo su sola potestad –Hch. 1,7). Es, sobre todas las cosas, un llamado a vivir el Evangelio como el humilde y frágil poder que da la vida».[40]

DISTINCIÓN CON EL DISPENSACIONALISMO

A lo largo de su exposición sobre el pasaje de Apocalipsis 20.1-6 ha quedado claro que Ladd se inscribe dentro del premilenarismo, dado que interpreta literalmente los mil años. Esa es la interpretación «natural», «literal» que él privilegia. ¿Esto implica que Ladd es dispensacionalista? De ninguna manera. En otras obras, por caso *Vendré otra vez* (1973), distingue con claridad el dispensacionalismo histórico del dispensacional. Es oportuno citar aquí un párrafo aclaratorio: «El premilenialismo y el dispensacionalismo están estrechamente emparentados, pero no son términos sinónimos. El dispensacionalismo es una variante del premilenialismo. Todo dispensacionalista es premilenialista, pero muchos premilenialistas no son dispensacionalistas».[41] El premilenarismo «histórico» es el que afirma el reinado literal de Cristo por mil años en la tierra y «entiende que la era milenial es una manifestación ulterior del mismo reinado redentor de Dios que ahora es experimentado por la iglesia, más bien que una manifestación del orden judaico».[42] Esa referencia al carácter judaico del dispensacionalismo, se confirma si leemos los textos clásicos de esa corriente que afirma la presencia renovada de las doce tribus de Israel y el reinado de Cristo desde Jerusalén como una especie del reino davídico redivivo. La crítica más fuerte que Ladd formula al dispensacionalismo está en la «posposición del

---

[40] *Ibíd.*, pp. 225-226.
[41] George E. Ladd, *Vendré otra vez,* trad. Edwin Sipowicz, Buenos Aires: Ediciones Certeza, 1973, p. 29.
[42] *Ibíd.*, pp. 29-30.

reino de Dios». En efecto, los teólogos dispensacionalistas clásicos—para distinguirlos de los más recientes y de una nueva escuela denominada «dispensacionalismo progresivo»[43]—el reino que Jesús de Nazaret ofreció a los judíos era el reino davídico. Hacían una distinción entre «reino de Dios»—eterno— y «reino de los cielos», para Israel. Esta distinción se desploma cuando interpretamos que solo Mateo—en su evangelio de perfil judaico—es el único que utiliza la expresión «reino de los cielos» mientras los otros evangelios sinópticos utilizan «reino de Dios». Simplemente se trata de nomenclaturas similares. Pero más allá de eso, Ladd pregunta si efectivamente Jesús ofreció ese reino davídico teocrático a los judíos o lo que él ofreció era el reino de Dios. Él no ofreció ese tipo de reino que los judíos esperaban, sino que anunció el reino como poder salvador que se haría efectivo a través de la cruz. «La cruz debe preceder a la corona».[44] Por lo tanto, concluye su argumento descartando que estemos obligados a interpretar el ofrecimiento que hizo Jesús a los judíos en términos de un reinado terrenal-davídico porque «es el registro inspirado y no la teología judaica que debe guiarnos».[45] Y, para el judaísmo, no existía un Mesías sufriente, lo cual era una ofensa o escándalo para ellos, como lo expone claramente Pablo en 1 Corintios 1.23.

El aspecto donde Ladd toma distancia del dispensacionalismo es, precisamente, su afirmación de la presencia del reino de Dios en la historia y su consumación final. Estos aspectos son desarrollados con amplitud y profundidad en su obra *The Presence of the Future* que es una segunda versión ampliada de su libro: *Jesus and the Kingdom of God*. Además de profundizar el estudio de las diversas escatologías sistemáticas, Ladd analiza la enseñanza de Jesús en los evangelios sinópticos con especial atención a las parábolas del reino. Insta por una teología bíblica que no sea superficial sino crítica y, a su vez, tome en cuenta en su hermenéutica el carácter simbólico y pictórico de la enseñanza de Jesús. Indica claramente cuál debe ser la aproximación

---

[43] Véase Craig A. Blaising y Darrel L. Bock, *Progressive Dispensationalism*, Grand Rapids: Baker, 1993.
[44] George E. Ladd, *Crucial Questions about the Kingdom of God*, p. 113.
[45] *Ibid.*, p. 114.

hermenéutica a la enseñanza de Jesús: «Nuestro acercamiento debe ser tratar con los textos de los evangelios y de la interpretación del punto de vista de Jesús en cuanto al futuro, tomando en cuenta su enseñanza total en su propio marco histórico».[46] En cuanto a la consumación del reino, Ladd señala el tipo de lenguaje utilizado por los evangelios. Dice: «El destino final de los justos y de los injustos a menudo es descrito en términos convencionales del banquete mesiánico o de la fiesta de bodas y en términos de fuego (Mt. 13.50; 25.41) o tinieblas (Mt. 8.12; 22.13; 25.30). El hecho la condenación final pueda ser descrita mediante términos diversos como fuego y tinieblas sugiere que ambos representan una realidad indescriptible. Concluimos que Jesús describió la consumación en lenguaje semipoético y cuadros parabólicos que no significa que debemos tomarlos literalmente, pero representan eventos escatológicos para una existencia que trasciende la experiencia histórica presente».[47]

En lo que se refiere al reino de Dios y la historia, Ladd entiende que el corazón del mensaje de Jesús es la actividad redentora de Dios en la historia. Que el reino escatológico ha invadido la historia y que esta «no ha sido abandonada al mal; ella ha llegado a ser la escena de la lucha cósmica entre el reino de Dios y los poderes del mal. En efecto, los poderes del mal que los apocalípticos sintieron que dominaban la historia ha sido derrotados, y los hombres, que todavía viven en la historia, pueden ser liberados de esos poderes y experimentar la vida y las bendiciones del reino de Dios».[48]

EVALUACIÓN CRÍTICA

No cabe duda que George E. Ladd ha hecho una gran contribución al mundo evangélico mediante sus libros y ensayos de escatología. Hace un repaso de las diversas hermenéuticas que a

---

[46] George E. Ladd, *The Presence of the Future,* Grand Rapids: Eerdmans, 1974, p. 309. En otro libro, Ladd analiza con mayor detalle las parábolas de Jesús: *El Evangelio del Reino,* trad. George A. Lockward, Miami: Editorial Caribe, 1974.

[47] *The Presence of the Future*, p. 317.

[48] *Ibid.*, p. 326.

su vez generan escuelas escatológicas, tanto del campo más liberal como del espectro evangélico que él mismo denomina «conservador». Aunque se define como premilenarista, toma distancia significativa del dispensacionalismo. Discute con profundidad la problemática hermenéutica a la hora de interpretar los pasajes bíblicos, en especial, el de Apocalipsis 30.1-6 que, por alguna razón que se ignora, en las escatologías evangélicas se constituye en el eje central de los debates, especie de divisoria de aguas. Surgen así: el posmilenarismo, el premilenarismo—en dos vertientes: histórico y dispensacional—y el amilenarismo. Acaso la virtud principal de la hermenéutica de Ladd consiste en desmantelar varios de los presupuestos del dispensacionalismo clásico que postula una división conceptual entre «reino de Dios» y «reino de los cielos» y afirma que el reino que Jesús de Nazaret ofreció a los judíos era el reino teocrático-davídico y no el reino de Dios.

Donde más se percibe el conflicto de las interpretaciones escatológicas en la exposición de Ladd es a la hora de hacer la exégesis de Apocalipsis 20.1-6, que es el único pasaje de la Biblia que habla de un milenio (*jilía*) como período histórico. Si bien Ladd hace todos los esfuerzos necesarios para establecer las pautas de una hermenéutica escatológica aplicable a los textos bíblicos, en especial al pasaje citado, formula cierta *petitio principi* cuando señala que es necesario aplicar una «hermenéutica adecuada». ¿Qué sería una hermenéutica adecuada? ¿Quién y cómo se determina? Por otra parte, toda la argumentación de Ladd pone en evidencia que no siempre una «hermenéutica adecuada» es el literalismo. Él mismo es consciente de que el mismo Nuevo Testamento a veces interpreta de modo simbólico o espiritual pasajes del Antiguo Testamento y ofrece el caso de Hebreos 8, donde el autor reinterpreta el mensaje de Jeremías sobre el nuevo pacto y lo aplica a los corazones de quienes aceptan el evangelio de Jesús cuando si tomamos el contexto histórico-gramatical de Jeremías, no se trata de eso sino de la relación entre Israel y Judá. A ello se podría agregar que hay otros textos de esa epístola donde se desplaza el significado original para aplicarlo a Cristo, por caso, cuando en el capítulo 2 el autor cita el salmo 8 que en el original hebreo se refiere a *elohim*, pero opta por citarlo de la Septuaginta donde se traduce «ángeles», con lo cual encaja mejor con su argumento cristológico de Jesús «un poco menor que los ángeles». Otro punto cuestionable es cuando Ladd niega la posibilidad de que en un texto cierto vocablo o palabra pueda tener más de un sentido. Se podría decir que no es así. Quizás un solo ejemplo pueda ser ilustrativo. En Romanos 9, Pablo dice que «porque no todos los que descienden de Israel son Israel» (traducido deficientemente por RVR1960: «no todos los que descienden de Israel son israelitas». En el texto griego simplemente: οὐ γὰρ πάντες οἱ ἐξ Ἰσραήλ, οὗτοι Ἰσραήλ· El autor está utilizando «Israel» [Ἰσραήλ] en dos sentidos en el mismo texto: Israel ¿nacional? ¿ético? e Israel ¿espiritual? ¿de Dios?

Por otra parte, si se toma como normativo el Nuevo Testamento para interpretar el Antiguo—como suscribe Ladd siguiendo a Luis Berkhof—, casi no habría que seguir interpretando ya que todo está interpretado en el Nuevo, con lo cual no hay una «reserva de sentido» que hay que explorar. Es aquí donde adquiere relevancia la hermenéutica semiótica, o sea, la lectura de la Biblia como producción de sentido. Uno de sus voceros más lúcidos es José Severino Croatto, que ofrece numerosos ejemplos tomados en la misma Biblia donde se reinterpretan textos anteriores o eventos anteriores, por caso, el éxodo, reinterpretado por Isaías. «En todo texto hay un "delante", ese mundo de sentidos que se abre en virtud de su polisemia, potenciada por su misma condición de estructura lingüística y por la muerte de su "autor" como sabemos. El sentido está en el texto y no en la mente del autor».[49]

Con todo, el aporte de Ladd a la hermenéutica escatológica debe ser apreciado porque se trata de un autor representante del mundo evangélico que expone con honestidad el curso histórico que ha tomado la hermenéutica escatológica en la historia, en la modernidad y en la era contemporánea, evaluando las distintas escuelas y su lucha por la interpretación de los textos bíblicos. Sobre todo, su aporte se aprecia en que, mientras suscribe a una interpretación literal de Apocalipsis 20.1-6, toma distinta

---

[49] José Severino Croatto, *Hermenéutica bíblica,* Buenos Aires: La Aurora, 1984, p. 31.

significativa del dispensacionalismo, al cual critica por su tendencia judaizante y su teoría de la «posposición» del reino de Dios, teoría en cierto modo abandonada por los gestores del «dispensacionalismo progresivo», lo cual es una muestra de su carácter endeble que tenía el «clásico». Finalmente, Ladd centra su hermenéutica escatológica no solo en el tema del milenio, sino que recupera la presencia del reino de Dios en la enseñanza de Jesús y en la historia, que alcanzará su culminación en la segunda venida del Señor. Ese reino es, al fin y al cabo, la irrupción del futuro en el presente de la historia humana. A la luz de lo expuesto podemos decir que la hermenéutica escatológica de Ladd entra en conflicto directo con dos escuelas: con el dispensacionalismo clásico que postulaba la posposición del reino y con el amilenarismo, desde el cual se le podría preguntar si no es más «natural» interpretar el milenio de Apocalipsis como simbólico dado que se trata de un libro abundante en símbolos y números que no necesariamente deben interpretarse literalmente. Después de haber expuesto la hermenéutica escatológica de George E. Ladd—en términos generales literalista—y las discusiones que ha suscitado desde otras escuelas, pasamos ahora a analizar una hermenéutica totalmente diferente que nos propone Jürgen Moltmann y que se centraliza en el concepto esperanza.

2
La hermenéutica de Jürgen Moltmann: Escatología de la esperanza y la gloria

> *[La escatología] «significa doctrina acerca de la esperanza cristiana, la cual abarca tanto lo esperado como el mismo esperar vivificado por ella».*
>
> Jürgen Moltmann

La teología de Jürgen Moltmann (1928) inaugura una nueva etapa en el campo de la escatología cristiana. A partir de su obra *Teología de la esperanza,* el teólogo reformado marca un camino nuevo para resituar la escatología, no ya como el último capítulo de la dogmática sino, precisamente, como el primero. Ella surge a partir del diálogo que mantiene con Ernst Bloch, filósofo judío alemán que plante el «principio esperanza» como núcleo de su filosofía y que, a pesar de su ateísmo, admite que donde hay religión, hay esperanza. Sin embargo, es preciso preguntarnos ¿hasta qué punto influye Bloch en Moltmann? ¿Es «el principio esperanza» análogo a la «teología de la esperanza» que Moltmann formula? En otros términos: ¿adopta Moltmann de modo acrítico esa filosofía del pensador judío-alemán? ¿Qué otros aspectos, además de la esperanza, son importantes en la reconstrucción de la escatología que encara Moltmann? Para responder a estas preguntas, recurrimos a la amplia obra sistemática de Moltmann, con especial atención a dos textos clave: *Teología de la esperanza*[50] y *The Coming of God*.[51]

HERMENÉUTICA ESCATOLÓGICA RESITUADA

Moltmann cuestiona que la escatología se haya ubicado siempre al final de los tratados teológicos, como doctrina de las últimas cosas o doctrina de lo último. De ese modo, los acontecimientos de la segunda venida de Cristo, el juicio del mundo y la consumación del reino parecieran no tener significado alguno para el presente. «Tales doctrinas no tenían relación alguna con las referentes a la cruz y la resurrección, la glorificación y el dominio de Cristo, y no se deducían necesariamente de éstas».[52] Redefine la escatología afirmando que «significa doctrina acerca de la esperanza cristiana, la cual abarca tanto lo esperado como el mismo esperar vivificado por ella».[53] Ya que toda la existencia cristiana y la propia Iglesia tienen una orientación escatológica, la escatología no puede ser un mero apéndice a la teología sino su punto de inicio. El primer autor que cita Moltmann es Ernst Bloch que afirma que Dios «tiene el futuro como carácter constitutivo».[54] Esta cita no es al azar, sino que pone en evidencia la influencia del pensador judío alemán y su *Principio esperanza*, como veremos más detenidamente en el próximo acápite. Es por

---

[50] Jürgen Moltmann, *Teología de la esperanza,* trad. DIORKI (A. P. Pascual), Salamanca: Sígueme, 1969.

[51] Jürgen Moltmann, *The Coming of God. Christian Eschatology,* trad. Margaret Kohl, Minneapolis: Fortress Press, 1996. Como ensayos epistemológicos de la escatología véase también Jürgen Moltmann, «Orientaciones de la escatología» y «Métodos de la escatología» en *El futuro de la creación,* trad. Jesús Reyes Marcos, Salamanca: Sígueme, 1979, pp. 31-59. En escritos anteriores, ya nos hemos expuesto la teología de Moltmann. Véase: Alberto F. Roldán, *Escatología. Una visión integral desde América Latina,* Buenos Aires: Ediciones Kairós, 2002, pp. 38-45 (2da. Edición revisada y ampliada: *Escatología. ¿ciencia ficción o Reino de Dios?* Ediciones Kairós, 2018, pp. 42-47 y *Reino, política y misión,* Lima: Ediciones Puma, 2011, pp. 157-186 y, más recientemente, Alberto F. Roldán, «From Dispensationalism to Theology of Hope: Latin American Perspectives on Eschatology», en Gene L. Green, Stephen T. Pardue, and K. K: Yeo, editores, *All Things New. Eschatology in the Majority World,* Cumbria, United Kingdom, Langham Publishing, 2019, pp. 70-84

[52] *Teología de la esperanza,* p. 19.

[53] *Ibid.*, p. 20.

[54] Cit. en *Ibid.*, p. 21.

eso que, define: «La escatología debería ser, no el punto final de la teología, sino su comienzo».[55]

HERMENÉUTICA ESCATOLÓGICA DE LA ESPERANZA

Los textos clave que cita Moltmann en este comienzo de su *Teología de la esperanza* son: Colosenses 1.17 y Romanos 8.24-25 que afirman, respectivamente, que Dios es nuestra esperanza y que hemos sido salvados en esperanza. La esperanza cristiana se dirige a lo que todavía no es y, en ese sentido, es «esperanza contra esperanza» de la que habla Pablo al referirse a la fe de Abraham (Rom. 4.18). Esa esperanza coloca al ser humano en contradicción con su realidad y la del mundo y se expresa en la resurrección y el futuro de justicia del reino de Dios. Es una esperanza que surge de la fe. En un párrafo que merece citarse *in extenso* dice Moltmann:

> La fe puede y debe dilatarse hacia la esperanza allí, sólo allí donde con la resurrección del crucificado están derribadas las barreras humanas contra las que se estrellan todas las esperanzas [*Sic*] humanas. Allí la fe se convierte en παρρησία y μαχροδυμία. Allí la esperanza de la fe se transforma en «apasionamiento por lo posible» (Kierkegaard), porque puede ser apasionamiento por lo posibilitado.[56]

Cita luego un extenso párrafo de la *Institución de la religión cristiana,* de Juan Calvino, en el cual el reformador francés afirma que «la fe es el fundamento en que descansa la esperanza, y ésta alimenta y sostiene a la fe».[57]

¿De dónde se nutre Moltmann para colocar como eje de su escatología a la esperanza? Como hemos dicho antes, este énfasis surge de su diálogo con Ernst Bloch y su «principio esperanza» (*Das Prinzip Hoffnung*). ¿Esto significa que Moltmann recibe acríticamente el desafío planteado por Bloch? De ninguna

---

[55] *Ibid.*
[56] *Ibid.*, p. 25. Caracteres griegos originales.
[57] Calvino, *Institución de la religión cristiana,* III 2, 42 cit. en *Ibid.*

manera. En un extenso *post Scriptum* Moltmann analiza la filosofía de Bloch partiendo de una de las afirmaciones nucleares del filósofo judío-alemán: «Donde hay esperanza, hay religión». El texto reproduce el coloquio público entre los dos pensadores en mayo de 1963 en Tubinga. Las religiones, según Bloch, manifiestan la voluntad de un mundo mejor y fueron el espacio y el edificio de esa voluntad. Por lo tanto, quien quiera heredar la religión y, particularmente el cristianismo, debe recepcionar la esperanza escatológica. Para Moltmann, Bloch—aunque marxista—no se inscribe dentro de la tradición negativa del marxismo hacia la religión como «opio del pueblo». Tampoco se inscribe plenamente en la perspectiva de Feuerbach porque, entiende Moltmann, Feuerbach heredó solamente la mística del cristianismo—recordemos que lo primero que estudió fue teología—pero no la escatología. Pero mientras para Marx la religión tiene su génesis en los conflictos sociales y de la lucha del hombre con la naturaleza, para Bloch la religión es un espacio de esperanza, pero no en el sentido cristiano sino como humanización. Tomando una expresión de Feuerbach, pero dándole otro giro, Bloch afirma que «el *homo absconditus* del futuro—todavía no encontrado ni logrado—del hombre presente es "Dios"».[58] Al poner entre comillas la palabra «Dios», claramente Moltmann está indicando que le da otro sentido diferente al tradicional. Citando las palabras del propio Bloch: «"Dios" es entendido como el "ideal utópicamente hipostasiado del hombre desconocido"».[59] El procedimiento encarado por Bloch y la diferencia con la escatología cristiana es expuesto por Moltmann de este modo:

> Bloch ha invertido así, a la manera feuerbachiana, la escatología cristiana, que Feuerbach y Marx habían pasado por alto, por razones comprensibles desde la historia de la época. Para la escatología cristiana, el futuro del hombre, la libertad de los hijos de Dios y el futuro de toda la creación que aguarda están

---

[58] *Ibid.*, p. 440. Cursivas originales.
[59] Bloch, *Das Prinzip Hoffnung* 1515 s. citado en *Ibid.* 441.

abiertos y determinados por el futuro y por la promesa del Cristo resucitado.[60]

Moltmann se pregunta cuáles son los elementos de la esperanza cristiana que se resisten a ser heredados por el «principio esperanza» que formula Bloch. El teólogo entiende que las fórmulas de Bloch son reduccionistas, pero pueden servir para distinguir a Dios del ídolo.[61] En otra fuerte y aguda crítica, dice Moltmann: «El ateísmo crítico-religioso de Feuerbach puede ser utilizado, en sentido de Feuerbach, para convertir al hombre, en la deidad de sí mismo. Pero también puede llevar—empleado críticamente contra el mismo Feuerbach—a un "ateísmo por amor a Dios"».[62] Ya que la nomenclatura podría confundir, Moltmann aclara que el Dios revelado en Jesucristo es «el "Dios de la esperanza" (Rom. 15, 6), pero no es el "Dios esperanza", el "Deus spes", como dice Bloch. Este Dios de la esperanza, por cuya promesa y por cuya fidelidad apuesta la esperanza, pero que no es él mismo la esperanza antecede por una eternidad al hombre que espera y que está deseoso de futuro; le antecede exactamente por la eternidad de su propia muerte y del juicio, en el que nada puede seguir siendo lo que es».[63]

¿Cuál es el punto final, el *telos* al que apunta la escatología de Bloch y qué relación tiene con el reino de Dios? Moltmann afirma que el *eschaton* del principio esperanza es la «patria de la identidad» en la cual se superan tres contradicciones: a. la del yo el sí mismo del hombre; b. la que existe entre individuo y sociedad y c. la que existe entre la humanidad y la naturaleza. Esa patria es, entiende Moltmann, el reino de la libertad de que hablaba Marx. Por supuesto, la idea está tomada de la escatología cristiana en tanto esa realidad futura de la historia se da al final de la misma y no al comienzo, pero no es equivalente la esperanza cristiana porque es un «trascender sin trascendencia» mientras la escatología cristiana es una nueva creación. La diferencia entre

---

[60] Moltmann, *Ibid.*
[61] Para un análisis crítico en perspectiva fenomenológica sobre la diferencia entre Dios y el ídolo, véase la notable obra de Jean-Luc Marion, *El ídolo y la distancia,* trad. Sebastián M. Pascual y Nadie Latrille, Salamanca: Sígueme, 1999.
[62] *Teología de la esperanza*, p. 442.
[63] *Ibid.*, p. 448.

ambas visiones es visible y concreta según explica Moltmann: «Esta diferencia se torna visible cuando la escatología cristiana, en contra de las utopías de la humanidad, en las cuales vivió durante el siglo XIX, reflexiona sobre su propio núcleo, que está en la resurrección de los muertos y en el aniquilamiento de la muerte por la vida».[64] Esa diferencia no se puede saldar ni reducir desde que Bloch se sitúa en un ateísmo heredero de Feuerbach. Dos citas que el propio Bloch hace de Feuerbach y que incluye en su obra son suficientes para confirmarlo. «Mi negación de Dios quiere decir: niego la negación del hombre, y en lugar de la posición ilusoria, fantástica, celestial del hombre, que se convierte necesariamente en la vida real en la negación del hombre, yo coloco la posición sensible, real y, consecuentemente, también política y social, del hombre».[65] Y, casi a renglón seguido: «El hombre piensa y cree en un Dios sólo porque él mismo quiere ser Dios y, muy a su pesar, no lo es». (*Ibid.*). Por eso es que esos presupuestos conducen, inevitablemente a Bloch, a redefinir el Reino de Dios como «unión de la humanidad». En su profundo análisis del pensamiento de Bloch, Pierre Furter entiende que para el pensador judío la verdad del Reino se materializa en la unión de la humanidad. Surge como «Reino de Dios sin Dios» y citando al propio Bloch dice:

> La utopía del Reino destruye la ficción de un Dios creador y la hipótesis de un Dios celestial, pero no suprime de ninguna manera el espacio infinito en el cual el Ens Perfectssimum encontrará el abismo («Hohlraum») de su tendencia latente.[66]

Y algo más: para existir plenamente, ese reino necesita espacio que sólo puede concretarse con la abolición de lo divino. Dice Furter citando una vez más a Bloch en un párrafo clave:

---

[64] *Ibid.*, pp. 449-450.
[65] Ernst Bloch, *El principio esperanza*, vol. 3, trad. Felipe González Vicén, Madrid: Editorial Trotta, 2007, p. 409.
[66] PH, p. 1413, citado por Pierre Furter, *Dialéctica de la esperanza. Una interpretación del pensamiento utópico de Ernst Bloch*, Buenos Aires: Ediciones La Aurora, 1979, p. 242.

> La abolición de lo divino libera al hombre; le da espacio; le abre perspectivas infinitas, para que pueda realizar lo que le fue prometido, y llevar hasta las últimas consecuencias las posibilidades que podía ver reflejadas en los atributos divinos. En esta ascensión de lo humano está incluida toda la naturaleza, a imagen de la transformación que anunciaba el Apocalipsis.[67]

Volviendo a Moltmann, la esperanza cristiana y, por ende, la escatología cristiana, tienen un *plus* que no puede ofrecer el «principio esperanza» o cualquier otra utopía de factura humana. La teología cristiana debe mantener la pregunta en una sociedad sin historia, demo que no viva simplemente «al día» sino «por encima del día» y concluye a modo de conclusión de su crítica a la propuesta de Bloch:

> Todas las utopías del reino de Dios o del hombre, todas las imágenes de esperanza acerca de la vida feliz, todas las revoluciones de futuro se agitan en el aire y llevan en sí el germen de la corrupción y del aburrimiento, y por esto tratan también a la vida de una manera militante y opresora, en tanto no existe seguridad en la muerte y no exista una esperanza que lleve el amor más allá de la muerte.[68]

En resumen: si bien Moltmann recibe un impulso para elaborar su escatología a partir del «principio esperanza» elaborado por Bloch, ello no implica una recepción acrítica del mismo. Casi se podría decir que fuera de esa vinculación lingüística entre «principio esperanza» y «teología de la esperanza», Moltmann critica la propuesta de Bloch por ser heredera del pensamiento de Feuerbach según el cual «Dios» resulta simplemente una proyección de los deseos humanos y donde la teología deviene en antropología. En las coordenadas blochianas, el reino de Dios es simplemente el reino de la humanidad que supera por sí misma las contradicciones consigo misma y con la naturaleza en un reino, extrañamente «de Dios sin Dios» y donde la supersticiosa fe en el Dios de Israel y de Cristo debe ceder su lugar para la concreción del mismo en la historia. Finalmente, la esperanza cristiana supera

---

[67] PH, p. 1414, cit. en *Ibid.*, p. 243.
[68] *Teología de la esperanza*, p. 453.

al principio esperanza porque se yergue, enhiestamente por encima del mundo y de la historia hacia la victoria final del Reino de Dios sobre la muerte, a partir del hecho de la resurrección de Jesucristo, una atrevida afirmación a la que no alcanza un principio esperanza puramente humano. Por otra parte, que las utopías humanas entendidas como revoluciones agitadas en el aire hayan sido atravesadas por corrupción y fracaso, es una hipótesis que parecería confirmar la historia más reciente del mundo occidental.

HERMENÉUTICA ESCATOLÓGICA EN DIÁLOGO CON EL MESIANISMO JUDAICO

Pero no sólo la hermenéutica escatológica toma contacto con el principio esperanza enunciado por Bloch, sino que hay otros pensadores judíos a los cuales toma en cuenta. Su obra sistemática *The Coming of God,* dedica un espacio significativo al renacimiento del mesianismo en el judaísmo del siglo XX. Luego de mencionar a Bloch—a quien nos hemos referido en el acápite anterior—expone el pensamiento de Franz Rosenzweig, Gershom Sholem, Walter Benjamin, Jacob Taubes y Karl Löwith. Antes, en el prefacio de la obra, Moltmann ofrece los cuatro horizontes de la escatología cristiana que son relacionados con la esperanza: a. esperanza en Dios para la gloria de Dios; b. esperanza en Dios para la nueva creación del mundo; c. esperanza en Dios para la historia de los seres humanos con la tierra y d. esperanza en Dios para la resurrección y la vida eterna de los seres humanos. El renacimiento del pensamiento mesiánico se debe según Moltmann a la catástrofe del humanismo cristiano en la primera guerra mundial. Rosenzweig, antes de la primera guerra mundial estudió con el historiador Meinecke en la universidad de Friburgo y escribió su tesis sobre «Hegel y el Estado». Aunque percibió el siglo XIX con las lentes de la filosofía de la historia planteada por Hegel, luego cambió radicalmente a partir del colapso producido por la guerra que sepultó las expectativas de un mundo mejor que iba, inevitablemente, hacia la perfección. «En *The Star of Redemption* Rosenzweig reconoce la naturaleza ilusoria de la 'razón en la historia' planteada por Hegel».[69] Un tema que analiza Rosenzweig es la relación entre el tiempo, la eternidad y el crecimiento del reino de Dios. Moltmann hace una cita breve, pero nos parece mejor incluir aquí, más completa, el propio texto del filósofo judío:

> [...] el Reino, la vitalización de la existencia viene desde el principio y está siempre viniendo. Y, así, su crecimiento es necesario. Siempre es futuro; pero un futuro siempre. Siempre existe tanto como es futuro. Aún no existe de una vez por todas. Viene eternamente. La eternidad no es un tiempo larguísimo, sino un mañana que podría ser perfectamente también hoy. La eternidad es un porvenir que, sin dejar de ser porvenir, está, sin embargo, presente. La eternidad es un hoy que tiene conciencia de ser, no obstante, más que hoy. Y así, si el Reino viene eternamente, esto quiere decir que su crecimiento es, ciertamente necesario [...] Una existencia que ha entrado un día en el Reino ya no puede decaer de él: ha entrado en el de *una vez por todas,* se ha hecho eterna.[70]

La importancia de Rosenzweig y su aporte a la escatología es mucho más de lo que comenta Moltmann. Su pensamiento, rico y profundo—diríamos insondable—que se plasma en *La estrella de la redención,* como bien dice su traductor García-Baró: «es la sustitución de las categorías del viejo pensamiento (la filosofía

---

[69] Moltmann, *The Coming of God,* trad. Margaret Khol, Minneapolis: Fortress Press, 1996, p. 34. Con el título *The Coming of God* [La venida de Dios], Moltmann quiere estructurar una escatología «en la que Dios y el tiempo están vinculados de tal modo que el ser de Dios en el mundo debe ser pensado escatológicamente, y el futuro del tiempo debe ser comprendido teológicamente». *Ibid.,* p. 23. Para Richard Bauckham, ese título implica que se trata de una «escatología teocéntrica» que afirma la presencia venidera de Dios en toda su creación. Véase Richard Bauckham, «Eschatology in *The Coming of God*», en Richard Bauckham, editor, *God will be All in All. The Eschatology of Jürgen Moltmann,* Minneapolis: Fortress Press, 2001, p. 24. De la obra de Rosenzweig hay versión en castellano: *La estrella de la redención,* trad. Miguel García Baró, Salamanca: Sígueme, 1997. El pensador judío contrasta el concepto de utopía con el de redención que implica la expectación de un cambio total que es posible en algún momento. También Rosenzweig redescubre la importancia de las fiestas judías y la preeminencia del *shabat,* cosa que el propio Moltmann rescatará en su ética de la creación. Véase Jürgen Moltmann, *La justicia crea futuro,* trad. Jesús García-Abril, Santander: Sal Terrae, 1992, pp. 77-140.

[70] Franz Rosenzweig, *La estrella de la redención,* p. 273. Cursivas originales

que habría culminado en Hegel) por las categorías del judaísmo, o mejor dicho, del judeo-cristianismo».[71] Como dato final, recordamos que Rosenweig influyó decisivamente en otro pensador judío, Emmanuel Levinas, que en una de sus obras fundamentales dice: «Franz Rosenzweig, demasiado presente en este libro como para ser citado».[72]

Otro pensador judío que también estudia Moltmann es Gershom Sholem, para quien la primera guerra mundial, comenta, significó la muerte de Europa y su entierro. Si bien tomó en cuenta la obra de Rosenzweig *La estrella de la redención,* lo hizo, según Moltmann, en términos inciertos. En su evaluación de la perspectiva de Sholem, Moltmann dice que para el pensador judío no hay transición de la historia a la redención y que «el mesías viene sin ser anunciado y de modo inesperado, de forma totalmente impredecible. Su presencia es resultado no una evaluación sino una explosión».[73] Finalmente, resulta interesante lo que comenta Moltmann sobre la vinculación entre Bloch y Sholem. Dice que mientras «él invoca las obras de Ernst Bloch *Spirit of Utopia* y *Principle of Hope,* cuya "inspiración mística" pondera, sin embargo, condena sus "rapsodias marxistas"».[74]

El cuarto pensador judío que analiza Moltmann es Walter Benjamin, que perteneció a la generación más joven de la escuela de Frankfurt. En modo particular, Moltmann se refiere a su obra «Tesis sobre la filosofía de la historia», publicada en 1940. En la sección VI de «Sobre el concepto de la historia», luego de catalogar a la teología como una enana pequeña y fea, Benjamin hace una referencia específica al Mesías en estos términos:

---

[71] Miguel García-Baró, «Introducción» *La estrella de la redención,* p. 14). La expresión «viejo pensamiento» evoca de modo tangencial a *El nuevo pensamiento,* donde Rosenzweig esboza su proyecto. Véase Franz Rosenzweig, *El nuevo pensamiento,* trad. Isidoro Reguera, Madrid: La Balsa de Medusa, 1989.

[72] Emmanuel Levinas, *Totalidad e infinito,* trad. Daniel E. Guillot, Madrid: Editora Nacional, 2002, p. 58.

[73] Moltmann, *The Coming of God,* 37.

[74] *Ibid.* Resulta interesante señalar también que el más importante heredero actual de la Escuela de Frankfurt, Jürgen Habermas, también se ha ocupado del pensamiento de Sholem. Véase su ensayo: «Rastrear la historia del otro de la historia. Sobre el *Shabbetay Zwi* de Gershom Sholem» en Jürgen Habermas, *Fragmentos filosófico-teológicos,* trad. Juan Carlos Velasco Arroyo, Madrid: Trotta, 1999, pp. 67-75. Una de las importantes obras de Sholem vertidas al castellano es *La Cábala y su simbolismo,* trad. José Antonio Pardo, México-Buenos Aires: Siglo XXI editores, 1978.

«El Mesías no viene sólo como Redentor, sino también como vencedor del Anticristo. Sólo tiene derecho a encender en el pasado la chispa de la esperanza *aquel* historiador traspasado por la idea de que *ni siquiera los muertos* estarán a salvo del enemigo, si éste vence. Y este enemigo no ha dejado de vencer».[75] Para Benjamin, destaca Moltmann, la historia siempre ha sido escrita por los vencedores y, mientras éstos desean prologar su poder, los oprimidos desean la redención.

«Benjamin está pensando en el momento *revolucionario,* pero lo es como (o en tanto) él mismo lo describe como el momento apocalíptico. También llama ese presente, el Ahora que, "como prototipo del tiempo mesiánico, comprende toda la historia de la humanidad en una tremenda brecha. Hacia adentro de este Ahora, como prototipo y anticipación del tiempo mesiánico, las 'astillas' del tiempo mesiánico ya han sido explotadas"».[76]

Para Benjamin, el significado de la historia no está en ella como un todo, sino en sus fracturas y discontinuidades en la cual los oprimidos son los únicos que ansían redención. En este filósofo judío, «el reino de Dios es la quintaesencia de la redención, pero no el *telos* del dinamismo histórico sino su fin».[77] En un análisis filosófico de la perspectiva mesiánica de Benjamin, Michel Löwy—citando a Tiedemann—subraya que «"En ninguna otra parte Benjamin habla de manera tan directamente teológica como aquí, pero en ninguna otra parte tiene una intención tan materialista"».[78] Pero para Benjamin, según interpreta el filósofo brasileño-francés, el mesianismo está encarnado en las masas revolucionarias antifascistas. «En cuanto al Anticristo—un telegúmeno cristiano que Benjamin no vacila en incorporar a su argumento mesiánico de inspiración explícitamente judía—su

---

[75] Walter Benjamin, *Conceptos de la filosofía de la historia,* trad. H. A Murena y D. J. Vogelmann, Buenos Aires: Terramar Ediciones, 2007, p. 68. En términos parecidos se expresa Max Horkheimer cuando dice: «Teología es—me expreso conscientemente con gran cautela—la espera de que la injusticia que atraviesa este mundo no sea lo último, que no tenga la última palabra». Max Horkheimer, *Anhelo de justicia. Teoría crítica y religión,* trad. Juan José Sánchez, Madrid: Trotta, 2000, p. 169.
[76] Moltmann, *The Coming of God,* p. 39. Cursivas originales.
[77] Moltmann, *Ibid.,* p. 40. Cursivas originales.
[78] Michael Löwy, *Walter Benjamin: aviso de incendio. Una lectura de las tesis «Sobre el concepto de historia»,* Buenos Aires: Fondo de Cultura Económica, 2001, p. 79.

homólogo secular es, sin ninguna duda, el Tercer Reich hitleriano».[79] Como fundamento para su interpretación Löwy cita las palabras de propio Benjamin: «El Tercer Reich remeda el socialismo, como el Anticristo remeda la promesa mesiánica».[80] Si bien la interpretación que hace Benjamin del mesianismo está estrecha y exclusivamente realizada en la perspectiva política, muestra la fertilidad de la escatología cristiana para interpretar el sentido de la historia. Cada crisis no sólo espiritual sino también socio-política del mundo hace abrir los ojos hacia la escatología judeo-cristiana en busca de respuestas.

Por último, Moltmann se refiere a otros dos filósofos judíos: Jacob Taubes y Karl Löwith. Luego de la segunda guerra mundial aparecen las obras de Jacob Taubes: *Abendländische Eschatologie* (*Escatología Occidental*) y de Karl Löwith *Meaning of History*. El primero retorna a la escatología occidental de raíces judaicas y desarrolla la apocalíptica mediante ideas teológicas. Moltmann recuerda que Taubes fue asistente de Gershom Sholem en Jerusalén desde 1951 a 1953. En realidad, la obra de Taubes es su tesis doctoral que disponemos en castellano bajo el título *Escatología occidental*.[81] Está estructurada en cuatro capítulos: I. De la esencia de la escatología; II. La historia de la apocalíptica; III. La escatología teológica de Europa y IV. La escatología filosófica de Europa. En la introducción, Taubes afirma que la pregunta por la esencia de la historia implica interrogarla a partir del *eschaton*. Y luego juga con los varios sentidos de «tiempo» para decir que: «El curso de la historia se desarrolla en el tiempo. El tiempo es la vida de lo interno. Para exteriorizarse la luz necesita de lo interno: tiempo».[82] Y agrega: «La victoria de la eternidad se consuma en el escenario de la historia. Cuando, al final de la historia, el tiempo, el príncipe de la muerte está

---

[79] *Ibid.*, pp. 79-80.
[80] *Ibid.*, p. 80. Löwy cita la influencia que ejerció sobre Benjamin el teólogo socialista suizo Fritz Lieb que en 1934 había catalogado al nazismo como el Anticristo moderno. *Ibid.* Löwy agrega que 1938 Lieb expresó su esperanza de que el Anticristo sería derrotado en su próximo combate contra los judíos "que vería la aparición del Mesías—Cristo—y el establecimiento de su reino milenario». *Ibid.*
[81] Jacob Taubes, *Escatología occidental,* trad. Carola Pivetta, Buenos Aires: Miño y Dávila, 2010.
[82] *Ibid.*, p. 21.

doblegado, entra en escena el *tiempo final*. El tiempo final es el final del tiempo».[83] Esto último evoca las palabras del Apocalipsis: «y el tiempo no sería más».[84] Para Taubes—siguiendo a Reimarus—la terminología «Reino de Dios» abarca tres asociaciones: la escatología nacional, el mesianismo davídico y la escatología cósmico-trascendente. Con respecto a la apocalíptica, Moltmann interpreta que Taubes que ella permite al pueblo de Dios a hacer oír su voz en esperanza de redención. «Taubes muestra que la contribución específica del judaísmo a la historia de la humanidad se fundamenta en la apocalíptica de los oprimidos, y en el mesianismo de la conversión del tiempo».[85]

El último pensador judío que estudia Moltmann es Karl Löwith que estudió con Husserl y Heidegger.[86] Con su obra *El significado de la historia,* Löwith influyó significativamente en los teólogos para encontrar las raíces de la filosofía de la historia en la teología cristiana. Moltmann entiende, sin embargo, que solamente los teólogos interesados en defender la secularización tomaron la exposición de Löwith de modo favorable como un medio para elaborar una filosofía de la historia a modo de «teología secularizada». Moltmann también entiende que Löwith intentó encontrar las raíces cristianas de la historia y justificar sus fundamentos mediante la teología. En ese contexto, también, menciona el «milenarismo secular» de Francis Fukuyama—

---

[83] *Ibid.,* p. 23. Cursivas originales. Otras obras de Taubes en castellano son: *La teología política de Pablo,* trad. Miguel García-Baró, Madrid: Trotta, 2007 y *Del culto a la cultura* y *Elementos para una crítica de la razón histórica,* trad. Silvia Villegas, Buenos Aires: Katz editores, 2007. Un estudio profundo del pensamiento de Löwith es la obra de Enrico Donaggio, *Una sobre inquietud. Karl Löwith y la filosofía,* trad. Sergio Sánchez, Buenos Aires: Katz editores, 2006.

[84] Apocalipsis 10.6 Reina Valera 1960. Original griego: ὅτι χρόνος οὐκέτι ἔσται.

[85] *The Coming of God,* p. 43.

[86] El propio Löwith consagró un profundo estudio a la filosofía de Heidegger en su libro *Heidegger, pensador de un tiempo indigente. Sobre la posición de la filosofía en el siglo XX,* trad. Román Settón, Buenos Aires: Fondo de Cultura Económica, 2006, donde muestra de qué modo Heidegger fue, en sus comienzos, un teólogo "cristiano" adscripción a la cual luego renunció. Inclusive, ponderó el comentario de Karl Barth a la carta a los romanos como un libro de verdadera espiritualidad. Otros libros de Löwith en castellano son: *Historia del mundo y salvación. Los presupuestos teológicos de la filosofía de la historia,* trad. Norberto Espinosa, Buenos Aires: Katz editores, 2007; *Max Weber y Karl Marx,* trad. Cecilia de Esteban Vernik, Barcelona: Gedisa, 2007; *De Hegel a Nietzsche. La quiebra revolucionaria del pensamiento en el siglo XIX,* trad. Emilio Estiú, Buenos Aires: Katz editores, 2008

politólogo estadounidense de origen japonés—que postuló que después la caída del socialismo real, asistíamos al «fin de la historia».[87] Para Moltmann, se trata de una curiosa interpretación de Hegel, mediante la cual Fukuyama percibió el año 1989 como el fin de la historia, al asistir a la desintegración del socialismo liderado por la URSS, la reunificación de Alemania y el triunfo del capitalismo se producía «el fin de la historia» sin nuevas alternativas ideológicas en el horizonte.[88]

A modo de resumen de su exposición sobre el pensamiento judaico de la posguerra respecto a la escatología, Moltmann señala que el mesianismo es una teoría acerca de la catástrofe, tal como Scholem y Taubes lo expresaron. Para ambos, el «eterno presente» de la redención en un mundo no redimido era inconcebible. Mientras que para Bloch y Benjamin el momento parece ser algo místico como especie de «astilla mesiánica». Es, en suma, una interpretación mística de «el momento», que conduce nada más que algo deseado. «La interpretación mesiánica ve "el momento" que interrumpe el tiempo y nos conduce a una pausa en medio del progreso, como el poder para la conversión».[89] Y concluye su evaluación final del judaísmo mesiánico: «Yo llamaría a esto la redención de la historia del futuro desde el poder de la historia en el *kairós* de conversión. Sólo que ello será hacer posible una vez más la escatología teológica, a través de la cual la esperanza como categoría teológica será redimida de las ruinas de la razón histórica».[90]

Dos filósofos de América Latina comparan a Rosenzweig con Benjamin. Uno de ellos, el filósofo francobrasileño Michel Löwy, interpreta que éste último se inscribe de una perspectiva de la espera del Mesías que lejos está de ser pasiva o resignada.

---

[87] Moltmann, *The Coming of God*, p. 134. El libro de Francis Fukuyama se titula: *The End of History and the Last Man,* Nueva York: Free Press, 1992. (Versión en castellano por Editorial Planeta, de Barcelona). Con anterioridad, Fukuyama había publicado un artículo sobre el tema en la revista *The National Interest,* en el verano de 1988.
[88] Moltmann, *The Coming of God,* pp. 223-224
[89] *Ibid.,* p. 45.
[90] *Ibid.*, pp. 45-46.

Pertenece antes bien a la tradición de los *dochakei ha-hetz*, «los aceleradores del fin», la tradición (de la que habla Franz Rosenzweig) de los que quieren *forzar la llegada del Reino*. No se trata para él de ser, sino de tomar a [*Sic*] chance revolucionaria que ofrece cada instante histórico. Este *mesianismo activo* se encuentra notablemente resumido en una frase de Focillon que Benjamin, según su costumbre, cita extrayéndola de su contexto (estético) y cargándola de una explosividad milenarista: «Hacer época» no es intervenir pasivamente en la cronología, sino precipitar el momento.[91]

Por su parte Ricardo Forster—filósofo argentino—al comparar las perspectivas mesiánicas de Rosenzweig y Benjamin, entiende que la diferencia sustancial entre ambos es que Rosenzweig todavía se mueve dentro de la tradición filosófica alemana y su obra *La estrella de la redención:*

[…] si bien es un libro arduo, complejo en su estructura, con varias entradas posibles, tiene una arquitectura muy precisa, una arquitectura que inclusive juega con la estrella de David y la relación mundo-redención-Dios-revelación como puntos de esa estrella que se trabajan en cada uno de los momentos del libro y como parte de una estructura establecida desde la perspectiva— yo diría paradigmática—del idealismo alemán.[92]

HERMENÉUTICA ESCATOLÓGICO-TRINITARIA DEL REINO

Otro aspecto importante de la hermenéutica utilizada por Moltmann para estructurar su escatología es la doctrina de la trinidad. ¿Qué vinculación tiene el misterio de la trinidad en la escatología? En su libro *Trinidad y Reino de Dios*[93] luego de

---

[91] Michael Löwy, *Redención y utopía. El judaísmo libertario en Europa Central. Un estudio de afinidad electiva,* trad. Horacio Tarcus, Buenos Aires: El Cielo por Asalto, 1997, p. 206. Cursivas originales.
[92] Ricardo Forster y Diego Tatián, *Mesianismo, nihilismo y redención. De Abraham a Spinoza. De Marx a Benjamin,* Buenos Aires: Altamira, 2005, p. 484. Cursivas originales.
[93] Jürgen Moltmann, *Trinidad y Reino de Dios. La doctrina sobre Dios,* trad. Manuel Olasagasti, Salamanca: Sígueme, 1983. El tema del reino de Dios ha sido objeto central de las teologías latinoamericanas. Entre las muchas obras publicadas se destacan: Jon Sobrino, *Jesucristo liberador. Lectura histórica-teológica de Jesús de*

reflexionar sobre la teología trinitaria hoy y afirmar el sufrimiento de Dios, Moltmann expone la ya clásica diferencia entre trinidad inmanente y trinidad económica y dedica un amplio espacio a reflexionar sobre la doctrina trinitaria del reino. Expone la doctrina del reino de Dios de Joaquín da Fiore. Se trata de un abad cisterciense de Calabria del siglo XII (1135-1202) que intentó coordinar el Antiguo con el Nuevo Testamento mediante su análisis del Apocalipsis. Da Fiore estructura su escatología trinitaria a partir de los tres grandes capadocios de la Iglesia oriental: Basilio el Grande, Gregorio Niceno y Gregorio Nacianceno que pensaron el reino de Dios como tres épocas o modos de revelación: del Padre, del Hijo y del Espíritu. Los tres reinos son épocas o etapas en la historia que, en rigor, serían cuatro. Explica Moltmann: el reino del Padre, el reino del Hijo, el reino del Espíritu y, finalmente, el reino eterno de la gloria del Dios trino. La influencia de Joaquín da Fiore fue más allá de lo meramente teológico y se percibe en Hobbes, Leibniz y Malabranche. También en el propio Ernst Bloch—que ya hemos estudiado—y, por supuesto, en el mismo Marx, cuando se refiere al paso del «reino de la necesidad» al «reino de la libertad». La doctrina de lo que Moltmann denomina «de la libertad trinitaria» es definida del siguiente modo: el reino del Padre se define por la creación y preservación del mundo; el reino del Hijo implica la liberación de los seres humanos de su oclusión mortal y el reino del Espíritu se define por las fuerzas y energías de la nueva creación y nuestra participación escatológica en ella. «Las tres vertientes de la historia del reino de Dios apuntan hacia el *reino*

Nazaret, San Salvador: UCA, 1991 y *Jesús en América Latina,* Santander: Sal Terrae, 1982; Juan Luis Segundo, *La historia perdida y recuperada de Jesús de Nazaret,* Santander: Sal Terrae, 1991; Ignacio Ellacuría, *Conversión de la Iglesia al Reino de Dios,* Santander: Sal Terrae, 1985; C. René Padilla, editor, *El Reino de Dios y América Latina,* El Paso: Casa Bautista de Publicaciones, 1975; C. René *Padilla, Misión integral. Ensayos sobre el Reino y la iglesia,* Buenos Aires: Nueva Creación, 1986; David A. Roldán, *Teología crítica de la liberación: un replanteo desde el problema de la interioridad y la exterioridad, con especial atención a Juan Luis Segundo y José Míguez Bonino,* tesis de doctorado en Teología, Buenos Aires: South African Theological Seminary, 2011, del mismo autor: *La dimensión política del Reino de Dios,* Buenos Aires: Ediciones Teología y Cultura, 2014; Howard A. Snyder, *La comunidad del Rey,* trad. Alejandro Gallegos, Miami: Caribe, 1983, y nuestro libro ya citado: *Reino, política y misión.*

escatológico de la gloria, en el que los hombres entran finalmente en la vida eterna del Dios trino y—como decía la iglesia antigua—son "divinizados" (θέωσις)».[94] El tema de trinidad, como veremos, reaparece luego en la parte final de la obra *The Coming of God*, relacionada con la glorificación de Dios.

HERMENÉUTICA ESCATOLÓGICA DE LA MISIÓN

En frase célebre, Emil Brunner afirmó que «La Iglesia existe para la misión como el fuego para quemar». Se puede decir que la misión tiene, en la escatología de Moltmann un lugar central. En un amplio segmento de su *Teología de la esperanza,* reflexiona sobre la hermenéutica de la misión cristiana. Se trata de una sección bastante compleja y sumamente creativa, en la cual el teólogo reformado vincula las pruebas de la existencia de Dios, la historia del mundo y la interpretación bíblica con la misión cristiana. Comienza con las pruebas de Dios y la hermenéutica, afirmando que en los presupuestos de la teología racional las reflexiones hermenéuticas sobre la comprensión de los textos de la Escritura han sustituido a las famosas pruebas teístas. Las mismas, se pueden dividir en tres grupos: a. Las pruebas de Dios como base del mundo; b. Las pruebas de Dios como base de la existencia humana y c. Las pruebas de Dios como base de la existencia de Dios.

Al analizar el segundo grupo cita a Rudolf Bultmann para mostrar la relación entre la existencia de Dios y la propia existencia humana. Esta última, siguiendo a San Agustín y su expresión: *Tu nos fecisti ad Te, et cor nostrum inquietum est,* Bultmann dice que la existencia del ser humano es movida consciente o inconscientemente por esa búsqueda. Para Moltmann eso es una referencia objetiva a la revelación de Dios que, a manera de precomprensión implica una forma de *theologia naturalis* de carácter universal. Cita un párrafo de Bultmann: «Desde esta visión interpretamos en cada caso la fuente científico-histórica como auténtico fenómeno histórico, es decir desde el presupuesto de que en la fuente es aprehendida y se expresa en

---

[94] *Trinidad y Reino de Dios*, p. 230. Cursivas y caracteres griegos originales.

cada caso una posibilidad de existencia humana».[95] La interpretación existencial interroga a los textos de la Biblia en su búsqueda por comprender la existencia humana. «Los principios de la hermenéutica comprensiva se deducen de la presupuesta estructura hermenéutica de la existencia humana misma».[96] En lugar de plantear una antítesis entre mundo y el sí mismo, hay que buscar una correlación entre ambas realidades. Explica: «Una comprensión de Dios sólo se puede conquistar, por ello, en la correlación de comprensión de sí mismo y comprensión del mundo, de comprensión de la historia y de la historicidad, pues de lo contrario la buscada divinidad de Dios no sería universal».[97]

La segunda prueba teísta es la que sirve de fundamentación para el mundo. El mundo ya no se entiende como simple cosmos sino como historia universal. Aquí, Moltmann cita a Pannenberg que indica: «el texto sólo puede ser entendido en el contexto de la historia total, la cual enlaza lo de entonces con el presente, lo enlaza no sólo con lo que existe hoy, sino con el horizonte de futuro de lo posible hoy, porque el sentido del presente sólo se esclarece a la luz del futuro».[98] Moltmann sugiere que mientras la realidad del mundo no sea total y esa totalidad esté en juego, es mejor abandonar el recurso al mundo como base para demostrar la existencia de Dios.

La tercera prueba de Dios es el famoso argumento ontológico desarrollado por Anselmo de Canterbury (en rigor, había nacido en Aosta, Italia) que parte de la premisa de que pensar a un ser superior fuera del cual nada más perfecto se puede pensar, debe existir porque la existencia es un presupuesto del ser o del ente. El propio Kant reconoció la validez del mismo y Hegel lo toma como base para fundamentar su concepto de Dios. El propio Barth consagra un estudio profundo a esa prueba teísta. «No es necesario pensar a Dios. Pero si se lo piensa, entonces hay que

---

[95] Rudolf Bultmann, *Gauben und Verstehen 1*, p. 119, cit. por Moltmann, *Teología de la esperanza*, p. 356.
[96] Moltmann, *Ibid.*, p. 357.
[97] *Ibid.*
[98] Wolfhart Pannenberg, *Hemeneutik und Universalgeschichte: ZthK*, 1963, p. 116, cit. en *Ibid.*, p. 361.

pensarlo como necesario».[99] De esta prueba ontológica, Moltmann dice que los principios hermenéuticos que se derivan de ella afirman que la exégesis de los textos de la Biblia tiene que ver con que Dios mismo se revela en su palabra. Cita a Barth que, en su comentario a Romanos afirma que su intención fue penetrar en el espíritu de la Biblia y que la comprensión histórica es un diálogo entre la sabiduría de ayer y la del mañana. Y, entrando decididamente en el concepto o imagen de «fusión de horizontes» que debemos a Hans-Georg Gadamer, agrega:

> [...] de todos los métodos de apropiación de lo dicho en el texto, y de todas las fusiones de los horizontes de entonces y ahora, se encuentra en Karl Barth el acontecimiento «de que Dios mismo habla», de aquella «cosa» de los documentos en esta palabra en la cual Dios se revela a sí mismo y se anuncia a sí mismo.[100]

Siempre interpretando a Barth, Moltmann afirma que la meta de la exégesis no es la comprensión ni una orientación en la historia universal, sino que esa meta es la predicación. Y en un juego lingüístico, agrega: «La "palabra de Dios" en las palabras empuja a ir de la exégesis de las "palabras" a la predicación de la palabra».[101] En otros términos, en las palabras (¿humanas?) está la palabra de Dios que se descubre mediante la exégesis y que se hace realidad en la predicación. Y todo esto tiene, para Moltmann un sentido escatológico y misional. Porque, el acontecimiento de la resurrección de Cristo ocurrido una vez y para siempre, «lleva a una necesidad escatológica, histórico-misional, de la predicación a todos los pueblos. Esto sólo resulta posible en un horizonte escatológico [...]».[102]

En la sección «misión y hermenéutica», Moltmann afirma que todas las pruebas de Dios—analizadas antes—son sólo anticipaciones de la realidad escatológica que según Pablo definió, se concretará cuando Dios sea todo en todo. Es a partir de

---

[99] Moltmann, *Ibid.*, p. 362. La versión en inglés de la obra de Barth sobre San Anselmo es: *Fides Quaerens Intellectum*, Virginia: John Knox Press, 1960. Versión en portugués: *Fé em busca de compreensão*, San Pablo: Novo Século, 2000.
[100] Moltmann, *Teología de la esperanza*, p. 363.
[101] *Ibid.*, p. 364.
[102] *Ibid.*, p. 365.

la revelación de Dios acaecida en la resurrección de Cristo que la fe tiene que buscar la final revelación cuando Dios sea todo en todo y en todos. Y muestra el camino que debe seguir la teología en relación a la misión cristiana: «La *theologia naturalis* es en el fondo *theologia viatorum,* y la *theologia viatorum* se esforzará siempre por conocer, en proyectos fragmentarios, la futura *theologia gloriae*».[103] Con ello, Moltmann afirma lo que antes insinuó: que hay una cierta forma de «teología natural» que es una especie de teología en el camino cuya meta es la teología de la gloria.

Además, el futuro de la Escritura, como ya expuso Moltmann, no está todavía presente, pero es percibido como presente en la misión, en una misión concreta e histórica. «Sólo en misión y en promesa, el encargo y perspectiva, en el trabajo de la esperanza, es concebido el "sentido de la historia" de una manera histórica e impulsora de la historia».[104] Esta referencia a el carácter concreto e histórico de la misión, le conduce a Moltmann a reflexionar de qué modo se puede «historificar» la misión en el mundo. En virtud de que el mundo es un sistema abierto[105] por el cual el mismo mundo está lleno de futuros. Es en ese contexto en que el teólogo alemán vuelve a las fuentes judaicas que refleja Theodor Adorno en su obra *Mínima moralia,* citándola:

> La filosofía, tal como se la pueda justificar ya tan sólo en presencia de la desesperación, sería el intento de contemplar todas las cosas tal como se presentarían desde el punto de vista de la redención. El conocimiento no posee otra luz que la que aparece en el mundo procedente de la redención: un fragmento de técnica. Es preciso instaurar perspectivas en las cuales el mundo se sitúa, se enajene, revele sus fisuras y sus grietas, de manera semejante a como aparecerá alguna vez, indigente y desfigurado, a la luz mesiánica.[106]

---

[103] *Ibid.*, p. 366.
[104] *Ibid.*, p. 368.
[105] Al respecto, véase el ensayo de Moltmann «La creación, sistema abierto» en *El futuro de la creación,* trad. Jesús Rey Marcos, Salamanca: Sígueme, 1979, pp. 145-162.
[106] Theodor W. Adorno, *Mínima moralia. Reflexiones desde la vida dañada,* 1962, pp. 333, cit. por Moltmann, *Teología de la esperanza,* p. 376. Hay versión en castellano de la obra de Adorno: *Mínima moralia,* trad. Joaquín Chamorro Mielke, Madrid: Editora Nacional, 2002, p. 239.

Tanto la redención como el mesianismo son conceptos teológicos que hunden sus raíces en la tradición judaica y a los cuales apela Adorno para justificar la misión de la filosofía. En ello coincide con la escatología de la esperanza desarrollada por Moltmann en vinculación con la misión. En un párrafo de singular belleza y realismo, remata Moltmann: «Únicamente esta solidaridad de la expectación que solloza bajo la violencia de la nada y que espera la verdad liberadora, toma históricamente conocimiento de la historia y realiza, en los campos de muertos de ésta, el servicio de la reconciliación».[107] Esto nos conduce a otro espacio de la escatología de Moltmann: la política.

HERMENÉUTICA ESCATOLÓGICA DE LA POLÍTICA

En el capítulo III del libro *The Coming of God,* Moltmann se refiere al concepto de política que atraviesa la escatología cristiana a partir del eje central del reino de Dios que, en sí mismo, es una terminología política. Por lo tanto, «"juicio" y "reino" son idea tomadas del mundo político. Las escatologías históricas cuyo foco es "el reino eterno" son explícitamente escatologías políticas».[108] Si bien, como ha mostrado Merio Scattola,[109] la historia de la teología política se habría iniciado con San Agustín y su obra: *La ciudad de Dios,* la idea de «teología política» recorre todos los siglos de cristianismo, es en la modernidad cuando alcanza una articulación sólida con el problema de la secularización y las obras de Thomas Hobbes—*El Leviatán* y *Behemot*—se redescubre como tema de la filosofía política en el libro de Carl Schmitt: *Teología política: cuatro capítulos sobre la teoría de la soberanía.*[110] Moltmann cita precisamente el concepto neurálgico de Schmitt que aquí lo transcribimos *in extenso:*

---

[107] *Ibid.*, p. 377.
[108] *The Coming of God,* p. 132.
[109] Merio Scattola, *Teología política. Léxico de política,* trad. Heber Cardoso, Buenos Aires: Ediciones Nueva Visión 2008.
[110] Héctor Orestes Aguilar, ed., *Karl Schmitt, teólogo de la política,* México: Fondo de Cultura Económica, 2001, pp. 21-62. Para un análisis más profundo del pensamiento de Carl Schmitt y sus implicaciones actuales, véanse: Jorge Dotti – Julio Pinto (compiladores), *Carl Schmitt. Su época y su pensamiento,* Buenos Aires: Eudeba, 2002

TODOS LOS CONCEPTOS SIGNIFICATIVOS de la moderna teoría del Estado, son conceptos teológicos secularizados. Y no lo son sólo debido a su evaluación histórica, por haberse transferido de la teología a la teoría del Estado—al convertirse el Dios todopoderoso, por ejemplo, en el legislador omnipotente—, sino también con respecto a su estructura sistemática, cuyo conocimiento es preciso para el análisis sociológico de dichos conceptos. En la jurisprudencia, el estado de excepción tiene un significado análogo la del milagro en la teología.[111]

En la exposición de Schmitt—jurista alemán vinculado en cierta etapa de su historia al nazismo—queda claro que la moderna teoría del Estado encuentra sus raíces en la teología. O sea, maneja conceptos teológicos solo que los ha secularizado, cosa que Schmitt pretende probar al indicar que el Dios todopoderoso y omnipotente ahora se transfiere al Estado moderno que, como decía Hobbes, es el *deus mortalis* que es necesario crear para que el hombre no sea lobo del hombre. Y otro concepto eminentemente teológico es el del milagro que, ha sido explicado en la historia como una suspensión de las leyes naturales. En la política el «milagro» es el estado de excepción cuando se suspenden las garantías constitucionales.[112]

Moltmann también cita a J. Assmann, que afirma que los conceptos de la escatología histórica son conceptos a los que se

---

y Carlos A. Fernández Pardo, *Karl Schmitt en la teoría política internacional*, Buenos Aires: Editorial Biblos, 2007.

[111] Karl Schmitt, *Op. Cit.*, p. 43. Mayúsculas originales.

[112] El filósofo italiano Giorgio Agamben ha hecho una gran contribución reciente al tema del estado de excepción y también a la influencia de la teología en la filosofía política moderna. Ver especialmente: Giorgio Agamben, *Estado de excepción. Homo Sacer II, I*, trad. Favia Costa e Ivana Costa, Buenos Aires: Adriana Hidalgo editora, 2004 y *El Reino y la gloria. Una genealogía de la economía y del gobierno. Homo Sacer I.2*, trad. Flavia Costa, Edgardo Castro y Mercedes Ruvituso, Buenos Aires: Adriana Hidalgo editora, 2008 donde el filósofo italiano muestra las influencias de la doctrina de la trinidad en la filosofía política moderna, concluyendo que «La modernidad, quitando a Dios del mundo, no sólo no ha salido de la teología, sino que, en cierto sentido, no ha hecho más que llevar a cabo el proyecto de la *oikonomía* providencial». *Ibid.*, p. 497. Cursivas originales. Para un análisis de esta obra, véase Alberto F. Roldán, «La hermenéutica política de Giorgio Agamben en *El Reino y la gloria*» en *Hermenéutica y signos de los tiempos*, Buenos Aires: Ediciones Teología y Cultura, 2016, pp. 27-48.

les ha dado un colorido teológico.[113] Luego, define bien su propósito que consiste en prestar atención a las interacciones entre escatología y política y demostrar que ambos están relacionados en el mesianismo y en la apocalíptica política. Moltmann toma en cuenta la tesis de Karl Löwith expresada en la cual sostiene que la moderna filosofía de la historia se origina en la fe hebrea y cristiana del cumplimiento del fin. En otra obra, dice Löwith:

> Para los judíos y cristianos «historia» significa, ante todo, historia de la salvación. En cuanto tal, es un asunto de profetas y predicadores. El *factum* de la filosofía de la historia y su pregunta por un sentido último surgió de la creencia escatológica de un fin último de la historia de la salvación.[114]

Esta cita de Löwith muestra la importancia de la tradición judeo-cristiana al vincular la historia con la salvación surgiendo de la fe en la escatología entendida como meta de la historia de la salvación. Desde ese punto de inicio, Moltmann se refiere al proyecto de Pannenberg—que estudiamos en el próximo capítulo—que postula como inicio la revelación en la historia y la experiencia histórica en el contexto de la escatología. Y, citando una vez más a Löwith, agrega: «No sólo el *eschaton* delimita el proceso de la historia como un fin en sí mismo, sino que también se articula y cumple por medio de un objetivo definido».[115]

¿Cómo se relaciona esa perspectiva con la escatología apocalíptica? La historia, dice Moltmann, siempre es una lucha de poder. Esa lucha implica la búsqueda de un dominio sobre la gente y la naturaleza. Y se da la situación opuesta: mientras el que posee el poder teme perderlo, la persona que lo sufre espera que ese poder llegue a su fin. La gente que goza del mundo moderno lo hace porque vive en el lado de la calle donde alumbra el sol mientras la gente que sufre vive del otro lado. Y esto lo conecta

---

[113] J. Assman, *Politische Theologie zwischen Agypten und Israel,* ed. Heinrich Meier (C. F. von Siemens-Stiftung Themes LII), Munich, 1992, pp. 35 en adelante. Citado en *The Coming of God,* p. 133.

[114] Karl Löwith, *Historia del mundo y salvación. Los presupuestos teológicos de la filosofía de la historia,* trad. Norberto Espinosa, Buenos Aires: Katz editores, 2007, p. 17. Cursivas originales.

[115] Karl Löwith, *Meaning of History,* p. 18. Cursivas originales. Cit. por Moltmann, *The Coming of God,* p. 134.

Moltmann con el sentido del apocalipsis que es, para algunos, una palabra de catástrofe que lleva al mundo hacia su fin mientras para otros «es una expresión para el descubrimiento de la realidad, y el hecho de que la verdad al fin emergerá y los liberará».[116] En ese contexto, Moltmann hace una crítica puntual a Bultmann cuya escatología contrasta con la apocalíptica. Bultmann creía en una «escatología mítica», ya que la parusía de Cristo no se había producido tal como se esperaba. Sin embargo. «La escatología apocalíptica a la cual Bultmann consideraba "mítica" es más realista que su fe en el inexorable curso de la historia del mundo».[117] Y en una crítica velada a la propuesta de Pannenberg, señala que la revelación de Dios, tal como lo refleja el Nuevo Testamento, no es una mera revelación «en la historia» porque proclama la revelación del Cristo crucificado y resucitado. Por lo tanto, lejos de ser una revelación *en la historia* es una revelación *al fin de la historia*. La referencia al Cristo crucificado, nos conduce al planteo que en otra obra hace Moltmann a ese respecto. En *El Dios crucificado,* dedica el capítulo 8 a exponer el tema: «Caminos para la liberación política del hombre»[118] que, aclara en nota, es una continuación de la discusión sobre teología política desarrollada en América Latina, citando a teólogos latinoamericanos como: Rubem Alves, Hugo Assmann y Gustavo Gutiérrez.[119] Aclara que: «La hermenéutica política de la fe no implica reducción alguna de la teología de la cruz a una ideología política, sino su interpretación en el seguimiento político».[120] Frente a las diversas teologías políticas que se han dado en la historia, Moltmann afirma que la teología política de la cruz debe

---

[116] *Ibid.*, p. 135.
[117] *Ibid.*
[118] Jürgen Moltmann, *El Dios crucificado,* trad. Severiano Talavero Tovar, Salamanca: Sígueme, 1975.
[119] Moltmann cita las siguientes obras: Rubem Alves: *Cristianismo, ¿opio o liberación?,* Salamanca: Sígueme, 1973; Hugo Assmann, *Opresión-liberación, desafío a los cristianos,* Montevideo, 1977 y Gustavo Gutiérrez, *Teología de la liberación,* 6ta. Edición, Salamanca: Sígueme, 1975. Jürgen Moltmann participó de las célebres «Conferencias Carnahan» organizadas en Isedet, Buenos Aires, en el año 1977. Su contenido y diálogo con profesores de esa casa de estudios e invitados, se puede leer en la obra: Jürgen Moltmann, *Temas para una teología de la esperanza,* Buenos Aires: La Aurora, 1978.
[120] *El Dios crucificado,* p. 438.

liberarnos de la idolatría política y, a su vez, liberar a los seres humanos de su alienación y privación de derechos. En otro texto, Moltmann critica el monoteísmo porque ha sido el fundamento para las monarquías y los gobiernos absolutos. Lo que supera al monoteísmo es precisamente la doctrina de la trinidad. Explica:

> La doctrina trinitaria cristiana une a Dios, Padre todopoderoso, con Jesús, el Hijo entregado a la muerte, al que los romanos crucificaron, y con el Espíritu vivificador, que crea el nuevo cielo y la nueva tierra. Desde la unidad de este Padre, de este Hijo y de este Espíritu no puede surgir la figura del monarca omnipotente del universo, al que imitan los soberanos de la tierra.[121]

Volviendo al tema político, Moltmann indica que la primera forma de «teología política» se produjo con Constantino dando lugar a un imperialismo cristiano. Pero tuvo varias formas posteriores, algunas de las cuales, más recientes, han sido la idea de la «nación redentora» y el «destino manifiesto».[122] Ofrece fundamentos históricos para esas ideas. Por caso, citando a Woodrow Wilson—presidente de Estados Unidos—que afirmó que «América [sinécdoque por Estados Unidos] tuvo el infinito privilegio de cumplir su destino y salvar al mundo».[123] En términos similares se expresaron John F. Kennedy y Lyndon B. Johnson que invocaron «la fe mesiánica de nuestros padres».[124] En este contexto de milenarismos y visiones apocalípticas erradas, se inscribe también la crítica de Moltmann al fundamentalismo apocalíptico y el dispensacionalismo. Tanto en Inglaterra como en Estados Unidos se desarrollaron esas interpretaciones pretendidamente proféticas de la salvación en la historia. Se trata

---

[121] Jürgen Moltmann, *Trinidad y Reino de Dios,* trad. Manuel Olasagasti, Salamanca: Sígueme, 1983, p. 214. Para una discusión más amplia de la teología política de Moltmann que incluye, entre otras cosas, su debate con Erik Peterson y su enfoque del monoteísmo político, véase Alberto F. Roldán, «Las teologías políticas de Jürgen Moltmann y Johannes Baptist Metz» en *Reino, política y misión,* Lima: Ediciones Puma, 2011, pp. 157-186.
[122] Para un análisis crítico del fenómeno véase la obra de Richard T. Hughes, *Mitos de los Estados Unidos de América,* trad. José María Blanch, Grand Rapids: Libros Desafío, 2005.
[123] Cit. en *The Coming of God.*, p. 169.
[124] *Ibid.*

de escatologías antimodernas y fundamentalistas. El dispensacionalismo—como ya hemos visto en el capítulo anterior—fue esparcido por John Darby, D: L. Moody y C. I. Scofield, con su famosa *Scofield Reference Bible*. Se estructura en base a diferentes «dispensaciones» o «economías»—en general son siete—entendidos como períodos que se despliegan en la Biblia. La clave está, precisamente, en su lectura de la Biblia, en cómo la interpreta. Explica Moltmann:

> La revelación final es consecuentemente la revelación del fin de la historia en el libro de Apocalipsis. La biblia es esencialmente predicción, y la historia del mundo ese esencialmente el cumplimiento de las predicciones divinas. La Biblia es palabra de Dios y de allí que es inerrante. Pero ¿en qué sentido es inerrante? Todas las predicciones bíblicas están libres de error. Ellas se cumplirán tarde o temprano.[125]

Moltmann señala que se trata de una nueva apocalíptica porque, si bien su teología recuerda la teología profética del reino, su función termina por ser opuesta. «El mesianismo encuentra su correspondencia en la apocalíptica. La intervención histórica en la resistencia es hecha aquí en paralelo con la lucha apocalíptica del mundo».[126] El énfasis, amplía Moltmann, está en el «gran rapto» que puede ser antes de la tribulación, en medio de la tribulación o después de ella. Todo ese esquema teológico se politiza y da lugar a ideas como «la mayoría moral» propugnada por Jerry Falwell.

Luego de las referencias a teologías políticas pretendidamente «cristianas» y de su crítica acerba al dispensacionalismo, Moltmann se refiere al fin de la historia humana como exterminio. La escatología apocalíptica se percibe ahora como anticipaciones y secularizaciones que se concreta en terrores que experimenta la humanidad. Menciona hechos concretos tales como la guerra fría, el apocalipsis nuclear y la expresión de Ronald Reagan de «Armagedón nuclear». Se refiere a métodos de exterminio de la humanidad como lo fue la bomba lanzada en Hiroshima en 1945,

---

[125] *Ibid.*, p. 159.
[126] *Ibid.*

el sistema armamentista y la guerra nuclear. Paralelo a esos hechos, se da hoy el problema ecológico que consiste en la destrucción de la tierra y el medio ambiente. La crisis ecológica es causada por la civilización occidental cientificista y tecnológica. Llega a la conclusión de que «La extensión de la catástrofe mundial es universal y no hace distinciones. Naturaleza, cosas vivientes y ecosistemas, seres humanos—todos son igualmente amenazados».[127] Para Moltmann, este drama no es simplemente un problema moral, como dijo en su momento el Papa Juan Pablo II, sino que es un problema mucho más profundo. «Es una crisis religiosa del paradigma en el cual la gente del mundo occidental pudo haber puesto su confianza y su vida».[128] A todo eso, se suma en 2020 la pandemia de Covid-19 que provoca la muerte de miles y miles de seres humanos, especialmente en países centrales como Estados Unidos, Gran Bretaña, España e Italia y cuyos orígenes y alcances todavía están lejos de ser descifrados. Por otra parte, las obligatorias cuarentenas, han producido un cambio en el ecosistema, al punto de que en muchos lugares los ríos se han purificado mostrando así, de modo palmario, los daños y la contaminación que producen las industrias no controladas. Como si fuera una película de ciencia ficción, el obligatorio confinamiento de las poblaciones provocó que los animales ganaran las calles de las ciudades.

Finalmente, la escatología política de Moltmann es, como dice Richard Bauckham,[129] una teología cristiana con implicaciones políticas que deben ser reconocidas y, a su vez, una forma de contextualización de la misma. Esto nos conduce a otro aspecto de la hermenéutica de Moltmann: la escatología cósmica donde se amplía el tema de la ecología, decisivo para la vida del planeta en todas sus formas.

---

[127] *Ibid.*, p. 211.
[128] *Ibid.* La cuestión ecológica es tratada por Moltmann más ampliamente en sus obras: *El futuro de la creación,* trad. Jesús Rey Marcos, Salamanca: Sígueme, 1979 y *La justicia crea futuro,* trad. Jesús García-Abril, Santander: Sal Terrae, 1992.
[129] Richard Bauckham, «Eschatology in *The Coming of God*», en Richard Bauckham, ed., *God will be All in All,* Minneapolis: Fortress Press, 2001, p. 33.

HERMENÉUTICA ESCATOLÓGICA CÓSMICA

El penúltimo aspecto de la hermenéutica de Moltmann aplicada a la escatología es el cosmos. El tema lo desarrolla ampliamente en su libro *The Coming of God*. La expresión «escatología cósmica» se refiere, básicamente, a lo que tanto el Apocalipsis como Pedro denominan «cielos nuevos y tierra nueva».[130] Lo que hay queevitar, advierte Moltmann en la introducción al tema, es suscribir—acaso de modo inconsciente—a una idea más bien gnóstica en el sentido de que la redención sea una liberación del mundo y el alma se libere del cuerpo. El Redentor es el mismo Creador que un día «será todo en todo» (1 Co. 15.28). Luego de afirmar que sin cosmología la escatología inevitablemente deriva en el mito gnóstico de redención, dice que

> [...] la separación entre las esferas de la existencia privada por un lado y la historia real por otro, y entre la historia humana y la naturaleza no humana, es una división artificial que no puede mantenerse prácticamente. La existencia humana es corporal y está vinculada con todos los sentidos, al mundo natural de la cual depende. La vida humana es participación en la naturaleza.[131]

Moltmann cita algunos ejemplos de pensadores que intentaron relacionar la escatología con la cosmología. Destaca al jesuita Teilhard de Chardin que desarrolló un evolucionismo teísta y postuló al «punto Omega» como el punto final del desarrollo del universo.[132] También menciona la filosofía del proceso, elaborada por A. N. Whitehead que ofreció tanto a teólogos como científicos la alternativa para desarrollar una escatología del mundo en proceso. Moltmann también cita otras de sus obras donde vinculó la creación con la historia y el futuro, principalmente *Dios en la creación* y *El camino de Jesucristo,* discutiendo en esta última el

---

[130] Ap. 22.1 y 2 P. 3.13.
[131] *The Coming of God,* p. 260.
[132] La obra clave de Teilhard de Chardin es *El fenómeno humano,* trad. M. Crusafont Pairó, Buenos Aires: Yspamérica Ediciones Argentina, 1984. Un estudio profundo de toda la obra del filósofo y paleontólogo jesuita francés es el de Emile Rideau, *El pensamiento de Teilhard de Chardin,* tad. José Bailo y Josep A. Pombo, Barcelona: Ediciones Península, 1968.

concepto del «Cristo cósmico». Pero ahora, intenta avanzar más en su reflexión sobre el futuro de la creación, el tiempo—en sus varias acepciones—y el cumplimiento del tiempo y el espacio para la morada eterna de Dios en su creación. Se pregunta si la redención debería comprenderse a la luz de la creación o viceversa. En la primera secuencia, la creación se interpreta como que hubiera tenido un comienzo perfecto, arruinado luego por el pecado humano y, entonces, la escatología se comprende como una *restitutio in integrum*. «En el segundo caso, arribamos a una interpretación de la creación: *incipit vita nova*—y es allí donde comienza una vida nueva».[133] La idea de una creación original luego pervertida por el pecado se encuentra en obras bien dispares tales como *Theo Drama* del teólogo católico suizo Hans Urs von Balthasar y John Milton y sus novelas *El Paraíso perdido* y *El paraíso recobrado*. Moltmann cuestiona esa visión, considerando que la misma está muy cerca de los mitos de los orígenes que se encuentran en muchas culturas y son semejantes al «mito del eterno retorno». Para Moltmann, la expresión paulina: «una vez por todas *efapax* [εφαπαξ] disuelve esa idea del eterno retorno de lo mismo».[134] La clave para entender la escatología, argumenta, «no es considerar a la nueva creación como una *restitutio in integrum*, un retorno al comienzo, sino ciertamente una *renovatio omnium*, una renovación de todas las cosas».[135] La creación ocurrida en los comienzos finalizó según expresa Génesis 2.2 y eso inauguró el *shabat* de Dios. Con gran creatividad poética, Moltmann relaciona dos conceptos bíblicos de la inhabitación de Dios y de su descanso. Dice: «La escatológica Shekinah es el perfecto Shabat en los espacios del mundo. Shabat y Shekinah están relacionados el uno al otro como promesa y cumplimiento, comienzo y completamiento».[136] La idea de Shekinah tiene también un correlato—comenta Moltmann—con lo que expresa el prólogo de Juan cuando dice que «el Verbo fue hecho carne y habitó entre nosotros»[137] y evoca la shekinah de Dios en el

---

[133] *Ibid.*, p. 262.
[134] *Ibid.*, p. 263.
[135] *Ibid.* Caracteres latinos originales.
[136] *Ibid.*, p. 266.
[137] Juan 1.14 Reina Valera 1960.

tabernáculo. El verbo ἐσκήνωσεν utilizado por Juan en ese texto, significa «acampar» y «poner una tienda de campaña». Comentan Mateos y Barreto:

> Aparece así en esta frase una alusión a la antigua Tienda del Encuentro, morada de Dios entre los israelitas durante su peregrinación por el desierto, la primera época de Israel (Ex 33,7-10) y reemplazada más tarde por el santuario de Jerusalén (2 Sm 7, 1-13; 2 Re 5,15-19; 6.1ss). Aquella presencia de Dios queda sustituida por ésta: tienda de Dios, el lugar donde él habita en medio de los hombres, es un hombre, una «carne».[138]

Otro tema de discusión del que se ocupa Moltmann es si el futuro del mundo es aniquilación o consumación. Resulta interesante que expone una interpretación luterana sobre la aniquilación y la contrasta con la perspectiva calvinista. En la primera, se afirma que la aniquilación significa «su literal *reductio in nihilum,* su reducción a la nada, como cuando se habla de la *creatio ex nihilo,* creación de la nada».[139] En cierta escuela luterana del siglo XVII, dice Moltmann, perduró esa idea de que la forma de este mundo debe desaparecer y la resurrección del cuerpo suponía una especie de visión beatífica de un alma desprovista de cuerpo. Admite Moltmann que los modernos teólogos luteranos han vuelto a la patrística y a la esperanza medieval de una transformación que no es aniquilación. De esa escuela, pasa luego a analizar la perspectiva calvinista del tema en la cual se afirma que no hay aniquilación del mundo sino más bien una transformación. Citando una fuente de esa escuela, amplía: «Dios destruirá la presente condición del mismo mundo mediante fuego; pero eso no significa que él aniquilará el mundo, sino que hará del antiguo

---

[138] Juan Mateos y Juan Barreto, *El Evangelio de Juan,* Madrid: Cristiandad, 1982, p. 68. La versión en castellano que recoge la idea de tabernáculo es la Biblia Textual que vierte: «Y el Logos se hizo carne, y tabernaculizó entre nosotros». La Nueva Biblia Española traduce: «acampó».

[139] H. Schmid, *Die Dogmatic der evangelisch-lutherischen Kirche,* p., 407 cit. por Moltmann, *The Coming of God,* p. 269.

mundo un mundo nuevo, un nuevo cielo y una nueva tierra cuya naturaleza será imperecedera».[140]

Para la teología reformada el pacto de gracia en la historia implica la forma de siervo del reino de Dios en este mundo. Pero Moltmann hace algunas críticas a esa perspectiva porque entiende que la misma, al referirse a la «forma» no es suficientemente profunda. «La expresión transformación (*transformatio*) no penetra con suficiente profundidad en el cambio de los fundamentos del mundo para ser captada».[141] La transformación del mundo debe ser una transformación fundamental en la cual Dios cambia su relación con el mundo y no puede limitarse sólo a completar la creación temporal. Por eso, desde estas dos perspectivas: la luterana y la calvinista, Moltmann arriesga al proponer una «deificación del mundo». Toma la idea de la Iglesia Ortodoxa que va más allá de aniquilación (luteranismo) y transformación. Según el axioma de Atanasio, se trata de que «Dios llega a ser humano para que nosotros como humanos podamos ser deificados».[142] Aclara lo que entiende por esta «deificación»:

> Ellos llegan a ser portadores de la naturaleza divina. Por lo tanto, «deificación» no significa que los seres humanos seamos transformados en dioses. Significa que ellos son portadores de las características y derechos de la naturaleza divina mediante su comunión con Cristo, el ser que es Dios-hombre.[143]

Esa teología ortodoxa implica que la transfiguración del cosmos llegue a tener o reflejar la imagen de Dios. Y, a modo de evaluación final de las tres perspectivas del futuro del mundo, dice que mientras la doctrina luterana de la aniquilación parece tener como premisa la teología de la cruz y la doctrina ortodoxa de la edificación corresponde a la teología de la resurrección, la teoría calvinista de la transformación puede ser la mediación entre las

---

[140] H. Heppe and E. Bizer, *Die Dogmatik der evvangelisch-reformierten Kirche*, Locus XXVIII: *De Glorificatione*, 2da. Ed., Neukierchen 1958, p. 560, cit. en *The Coming of God*, p. 270.
[141] *The Coming of God*, p. 272. Cursivas originales.
[142] Cit. en *Ibid.*, p. 372.
[143] *Ibid.*

otras perspectivas, apuntando al fin de este mundo y la génesis de un nuevo mundo.

De esa evaluación de las tres perspectivas escatológicas en relación al mundo actual y al venidero, Moltmann hace una breve incursión al ecofeminismo que, señala, fue planteado como idea por Rosemary Radford Reuther que expone brevemente. El cuadro escatológico que presenta Apocalipsis 21 nos retrotrae a la visión profética de Isaías 65. Allí, el futuro es pensado como real y terreno. Citando a Radford Reuther dice: «Ninguna inmoralidad sino una bendecida longevidad es el ideal realizado en la resurrección».[144] Se trata de una era dorada del Shalom de Dios en la historia de la humanidad en la tierra. Las visiones proféticas de la vida futura presuponen confianza en la tierra. El ecofeminismo es un modo en que la escatología es traída desde lo alto, de un ámbito especulativo y «masculino», a la tierra. Interpretando a Randford Reuther, Moltmann dice que nuestra existencia individual cesa y se disuelve como organismo individual volviendo a una especie de matriz de energía. En esa visión, la tierra es nuestra madre de la cual surgimos y a la cual volvemos. Y agrega: «En este ecofeminismo, que para el Nuevo Testamento es esperanza escatológica se torna en un omnipresente panteísmo de "la eterna" matriz de vida».[145] Desde que la tierra es una creación especial, piensa que es correcto denominarla «madre de los vivientes» o «madre de la raza humana» y eso no tiene que ver necesariamente con el panteísmo porque la misma tierra no es una creación viviente en sí misma

---

[144] Rosemary Randford Reuther, *Sexism and God-Talk. Towards a Feminist Theology,* Boston and London, 1983, p. 239. Cit. en *Ibid.*, p. 376. Allí, Moltmann agrega otras obras de la teóloga mencionada: *From machismo to mutuality: essays on sexism and woman-man liberation,* New York, 1979 y «Frauenbefreiung und Wiederversönung mit der Erde» en E. Moltmann-Wender (ed), *Frauenbefreiung, Biblische und theologische Arguments,* 4ta. Ed., Munich, 1986, pp. 192-202). En la misma perspectiva de teología feminista se inscribe la obra de Sallie McFague, de la cuales se pueden citar las siguientes: *Methaphorical Theology. Models of God in Religious Language,* Filadelfia: Forstress Press, 1982 y *Modelos de Dios. Teología para una era ecológica y nuclear,* trad. Agustín López y María Tabuyo, Santander: Sal Terrae, 1994. Para una interpretación de su pensamiento teológico véase Alberto F. Roldán, «La propuesta metodológica de Sallie McFague en la búsqueda de nuevos modelos para una teología metafórica», *Franciscanum, Revista de las Ciencias del espíritu,* vol. LIX, Nrol 168, julio-diciembre de 2017, pp. 197-228.

[145] *Ibid.*, p. 276.

sino una realidad creada y contingente. Referirse a la tierra como matriz de la vida nos evoca el poema de Teilhard de Chardin:

> *¡Qué hermoso es el Espíritu, cuando se eleva adornado con las riquezas de la Tierra!*
> *¡Báñate en la Materia, hijo de Hombre!*
> *¡Sumérgete en ella,*
> *allí donde es más impetuosa y más profunda!*
> *¡Lucha en su corriente y bebe sus olas!*
> *¡Ella es quien ha mecido en otro tiempo*
> *tu inconciencia;*
> *ella te llevará hasta Dios!*[146]

Otra perspectiva que analiza Moltmann es la de Johnn Tobias Beck, su predecesor en Tubinga. Aunque era un teólogo bíblico fue influido por el romanticismo alemán. Por lo tanto, vio la escatología como el establecimiento de un nuevo sistema que surge del organismo del nuevo mundo. «El fin (*telos*) completa el comienzo (*arche*), aunque sin destruirlo. El nuevo "organismo total" une mutuamente lo celestial y lo terrenal, lo divino y lo humano, y es un "universo deificado" (2 Cor. 15.28)».[147] Beck también recurre al concepto cristológico de la *perijoresis,* la interpenetración mutua de los seres humanos que serán «templo de Dios» y Dios mismo «su templo». Y resume:

> El concepto mutua interpenetración hace posible preservar tanto la unidad como la diferencia de lo que es de clase diversa: Dios y el ser humano, cielo y tierra, persona y naturaleza, lo espiritual y lo sensorial. La concomitante idea de inhabitación mutua es en sí misma una definición de la teología de la Shekinah.[148]

Con toda esa profunda reflexión sobre las relaciones mutuas de Dios y el ser humano, lo terrenal y lo celestial, la persona y la naturaleza, lo espiritual y lo sensorial que es muy imaginativo y

---

[146] Pierre Teilhard de Chardin, cit. por Rubén Dri, *La fenomenología del espíritu de Hegel. Perspectivas latinoamericanas. Racionalidad, sujeto y poder.* Irradiaciones de la *Fenomenología del espíritu,* Buenos Aires: Editorial Biblos, 2008, p. 211. Cursivas originales.
[147] *The Coming of God,* p. 277.
[148] *Ibid.*, p. 278.

puede rozar el panteísmo, Moltmann pasa luego a tratar el siempre difícil tema del tiempo: el tiempo de la creación, el tiempo de la historia y la plenitud del tiempo. Su reflexión sobre el fin del tiempo comienza con la cita de Pablo referida al «momento» escatológico: «en un momento, en un abrir y cerrar de ojos» (1 Co. 15.52 RVR1960). La expresión griega ἐν ἀτόμῳ es interpretada por Moltmann como un átomo de eternidad, «el momento de la eternidad en el cual todos los muertos resucitarán de una vez, diacrónicamente. El último día en el tiempo es el presente de la eternidad de todos los tiempos. Este "ultimo día" es "el día de los días"».[149] El fin del tiempo, como hemos visto en otro contexto, está planteado en el Apocalipsis, cuando el ángel juró por el que vive por los siglos de los siglos que «el tiempo no sería más» (ὅτι χρόνος οὐκέτι ἔσται). Para Moltmann, *cronos* [χρόνος] significa allí tanto el tiempo de la creación como el tiempo de la historia. En cuanto al tiempo de la creación, suscita muchas preguntas que se han planteado filósofos y teólogos a lo largo de la historia. La pregunta principal es: ¿si el mundo fue creado en el tiempo o fue el tiempo creado con el mundo? Si fue creado en el tiempo, entonces la deducción es que hubo tiempo antes de la creación. Y otra pregunta es: ¿qué significa «en el principio» en el cual Dios creó los cielos y la tierra? Hay dos modelos para interpretar estas cuestiones: a. La idea de «resolución creativa» que significa que antes de crear al mundo Dios resolvió ser el Creador de un mundo diferente a su Ser y un tiempo diferente de su eternidad. El otro modelo, es de la propia restricción primordial de Dios. Esto significa: «Dios restringe su eternidad de modo que en su tiempo primordial puede dar tiempo a su creación y dejarla en el tiempo. Dios restringe su omnisciencia para dar libertad a quienes ha creado. Esa propia primordial restricción de Dios precede a su creación».[150]

De ese tiempo primordial vinculado a la creación, Moltmann pasa a analizar los tiempos de la historia. Son tiempos, en plural, porque sus modos son tres: pasado, presente y futuro. El presente, afirma Moltmann es el verdadero secreto de los tiempos que se desglosa del modo siguiente:

---

[149] *Ibid.*, p. 279.
[150] *Ibid.*, p. 282.

El presente constituye, distingue y vincula entre pasado y futuro
El presente es simultáneamente pasado y futuro
El presente es el Ser entre Ser-que-no-es-todavía y Ser-que-ya-no-es.
El presente es la categoría de la eternidad en el tiempo: el momento que es «un átomo de eternidad».[151]

Hay una extensa reflexión sobre el pasado recordado, el futuro esperado, la simultaneidad y la eternidad en el tiempo. Cita a San Agustín que, en sus *Confesiones*[152] desarrolla su teoría psicológica del tiempo relacionándola con las perfecciones del alma. La memoria hace presente el pasado, la expectación hace presente al futuro. En la mente humana, entonces, pasado y futuro se hacen presentes mediante el recuerdo y la expectación. Pero también hay una simultaneidad. Dice Moltmann: «La *simultaneidad*, es sin embargo una clase fragmentaria de pasado y futuro en el presente, es una *eternidad relativa*, porque simultaneidad es uno de los atributos de la eternidad».[153] En cuanto a la «eternidad en el tiempo» no es otra cosa que el otro lado del presente «porque en la mente el "presente" siempre significa una relativa simultaneidad con el pasado y el futuro, mediante la fuerza del recuerdo y la expectación».[154] Llega a la conclusión de que la eternidad en el tiempo «es una categoría, no de la vida extensiva. Sino de la vida *intensiva*. *La presencia de la eternidad* se produce en el momento total y enteramente vivido mediante la presencia indivisible en el presente».[155] La vida eterna, entonces, no es una vida sin tiempo final o muerte, sino que es una vida completa plenamente.

Moltmann llega así a su reflexión sobre el cumplimiento del tiempo. Menciona a Kierkegaard, que «fue el primero en mover

---

[151] *Ibid.*, p. 285
[152] San Agustín, *Confesiones* XI,11, 13, 13, 17, 20 y 26. Versión en castellano, San Agustín, *Confesiones,* trad. Pedro Rodríguez de Santidrián, Barcelona: Altaya, 1993. Para un análisis de la teoría de San Agustín desde la perspectiva filosófica véase Paul Ricoeur, *La memoria, la historia, el olvido,* trad. Agustín Neira, Buenos Aires: Fondo de Cultura Económica, 2000, pp. 128-134.
[153] *The Coming of God,* p. 287. Cursivas originales.
[154] *Ibid.*, p. 290.
[155] *Ibid.*, p. 291. Cursivas originales.

el momento escatológico del presente a la eternidad, igualándolo con el presente kairós. "El eterno es el presente, y el presente es la plenitud"».[156] También vuelve a citar el texto de Pablo de 1 Corintios 15.52 que se refiere a «un átomo de tiempo». El mismo Karl Barth refleja la influencia de Kierkegaard cuando al comentar Romanos 13.11 dice: «"Este conociendo el tiempo": "Entre el pasado y el futuro—entre los tiempos—hay un "momento" que no es momento en el tiempo. Pero cada momento en el tiempo puede concebir la plena dignidad el momento. "Este 'momento' es el momento eterno, el *ahora*—cuando el pasado y el futuro se detienen"».[157] En cuanto al texto de Romanos 13.12 comenta lo que dijo Barth: «"La noche está avanzada, y se acerca el día"—escribió—: "Siendo el trascendente significado de todos los momentos, ese momento 'eterno' no puede ser comparado con ningún momento del tiempo"».[158]

También Bultmann sigue a Kierkegaard y a Barth cuando detecta en 2 Corintios 6.2 el «ahora escatológico». Moltmann cita su propia explicación del momento escatológico en relación con la historia: «*El significado de la historia descansa siempre en el presente*, y cuando el presente es concebido como presente escatológico por la fe cristiana, el significado de la historia es realizado... En cada momento duerme la posibilidad de ser el momento escatológico. Tú debes despertarlo».[159]

El momento escatológico—explica Moltmann—implica la salida del tiempo a la eternidad. Y resume definiendo en qué consiste la plenitud del tiempo: «metafóricamente hablando, el "último día" es al mismo tiempo el comienzo de la eternidad: un comienzo sin fin. Este es el "cumplimiento del tiempo", el tiempo

---

[156] Sören Kierkegaard, *Der Begriff der Angst,* p. 85. Versión en castellano: *El concepto de la angustia,* 3ra. Edición, Buenos Aires: Espasa-Calpe, 1946. Para un abordaje filosófico del *kairós*, véase Giacomo Marramao, *Kairós. Apología del tiempo oportuno,* trad. Helena Aguilá, Barcelona: Gedisa, 2008.

[156] *The Coming of God,* p. 287. Cursivas originales.

[157] Karl Barth, *The Epistle to the Romans,* trad. E. Hoskyns, Londres, 1933, p. 497. Cursivas originales citado en *The Coming of God,* p. 293.

[158] Karl Barth, *The Epistle to the Romans,* p. 498, cit. en *Ibid.*

[159] Rudolf Bultmann, *History and Eschatology,* The Giffford Lectures for 1955, Edimburgo 1957, p. 154. Cursivas originales. Cit. por Moltmann, *The Coming of God,* p. 293.

eónico, el tiempo lleno con la eternidad, la eternidad del tiempo».[160]

La nueva creación que, prefigurada por Isaías comenzó en Cristo, se concretará entonces en toda su plenitud espacio-temporal. Dios «habitará en ella, y en ella encontrará su descanso. Esto hace de la nueva creación un mundo sacramental. Ella es interpenetrada por la presencia divina y participando en la inagotable plenitud de la vida de Dios».[161]

Esa habitación eterna de Dios con la nueva creación implica una vez más la referencia a la «teoría de la contracción» de Dios, ya comentada. Ella tiene una vertiente judaica: la doctrina de la *shekinah* y la vertiente cristiana: la encarnación del Logos. La *shekinah* significaba el acto del descenso y habitación de Dios, una presencia especial basada en un autohumillación. Del mismo modo, como hemos visto, la encarnación del Hijo de Dios implica también una contracción, la *kénosis*, el anonadamiento o vaciamiento. «La cristología dogmática ha tratado de interpretar la inhabitación de la plenitud de la Deidad en Jesucristo, en un sentido que se asemeja a la teología de la contracción elaborada sobre la idea de la *kénosis* del Logos de acuerdo a Filipenses 2».[162]

Así como una plenitud del tiempo también hay una plenitud de espacio que será la presencia de Dios en su creación. Pero esa inhabitación del mundo en Dios y de Dios en el mundo no implica suscribir al panteísmo. Explica: «ni es necesario para el mundo disolverse en Dios, como el panteísmo dice, ni que Dios sea disuelto en el mundo, como el ateísmo afirma. Dios permanece

---

[160] *Ibid.*, p. 295.
[161] *Ibid.*
[162] *Ibid.*, p. 303. Cursivas originales. En *Trinidad y Reino de Dios,* Moltmann también aborda el tema de kénosis del Hijo de Dios y se pregunta si la encarnación es algo que ocurre fuera de Dios o implica una realidad intratrinitaria. Dice: «Si la encarnación del Hijo adquiere su verdadero sentido en la realidad humana del Hijo, esto significa que la encarnación pone de manifiesto la *humanidad real de Dios*. No se trata de lenguaje antropomórfico, sino de algo que afecta a la divinidad como tal». *Trinidad y Reino de Dios,* trad. Manuel Olasagasti, Salamanca: Sígueme 1983, p. 134. Cursivas originales. El concepto de «kénosis» también ha sido recuperado en la filosofía posmoderna. Véase Gianni Vattimo, *Después de la cristiandad,* trad. Carmen Revilla, Buenos Aires, Paidós, 2004 y mi análisis de su propuesta: «La *kénosis* de Dios en la interpretación de Gianni Vattimo: hermenéutica después de la cristiandad», *Revista Teología y Cultura,* año IV, vol. 7, agosto de 2007, pp. 83-95.

como Dios y el mundo permanece como creación».[163] Lo que Moltmann percibe en esta plenitud del tiempo y plenitud de espacio, es el templo cósmico, que es no es otro que la apocalíptica figura de la nueva Jerusalén. Esta ciudad que desciende del cielo como una novia ataviada[164] para su boda con el Cordero de Dios y que está en las antípodas de la Babilonia de Roma. Moltmann destaca las figuras femeninas del Apocalipsis y las relaciona con la historia bíblica:

> «La nueva Jerusalén», la ciudad de Dios, también es simbolizada con una mujer. Ella es la «esposa del Cordero» (19.7; 21.2). Su precursora es la mujer celestial que da a luz al Mesías y lo esconde del dragón en el desierto (12.2ss). Es una mujer «vestida con el sol, con la luna debajo de sus pies, y en su cabeza una corona de doce estrellas». Ella es la madre de Jesús y de los cristianos, del Israel terreno y de la «Jerusalén de lo alto», símbolo del Espíritu Santo. Esta figura femenina es la precursora de la ciudad santa.[165]

Las reflexiones de Moltmann sobre la nueva Jerusalén y la inhabitación de Dios con su creación nos conduce al *telos* de la escatología: la gloria.

HERMENÉUTICA ESCATOLÓGICA DE LA GLORIA

Moltmann titula el último capítulo de su obra *The Coming of God* con estas palabras saturadas de significado teológico: «Gloria. La divina gloria». Es interesante que comienza citando el *La Confesión de Westminster* argumentando que es el artículo final de la dogmática de la teología calvinista: *Soli Deo Gloria* que afirma que el propósito supremo del hombre es glorificar a Dios y gozarse en él por siempre. Y precisamente, la estructura de este capítulo final es doble: la gloria de Dios y el gozo en Dios.

---

[163] *The Coming of God*, p. 307.
[164] El verbo griego es κεκοσμημένην del verbo κοσμέω de donde procede nuestro término en castellano «cosmético».
[165] *The Coming of God*, p. 311.

En la parusía los creyentes experimentarán el reino de Dios en gloria. De la glorificación de Dios quedan excluidos todos los propósitos morales o utilidad económica. Ella es en fin en sí misma. Moltmann pregunta en qué consiste la glorificación de Dios y ofrece tres alternativas erróneas: ¿en la propia glorificación de Dios? ¿En la propia realización de Dios? ¿En las interacciones entre la actividad divina y la humana? Y luego ofrece su respuesta: «La plenitud de Dios y la fiesta del gozo eterno».[166] La primera tesis es rechazada porque «en la propia glorificación de Dios no hay escatología divina, porque no puede haber algo que Dios pudiera todavía desear, esperar o buscar para sí mismo».[167] La tesis de que la glorificación de Dios consiste en su propia realización está vinculada a la filosofía de Hegel. Explica Moltmann: «De acuerdo a esta tesis del idealismo alemán (que fue iniciada por Fichte y fue elaborada por Shelling y Hegel) la historia del mundo es nada menos que un poderoso proceso "teogónico"».[168] Dios está en cada cosa que sucede y lo que sucede está en Dios. «La Deidad y la humanidad están mutuamente relacionadas y mutuamente dependientes».[169] La historia del mundo, para Hegel, es la historia de la salvación como humillación y exaltación del Espíritu absoluto. «La muerte de Cristo manifiesta la muerte de Dios. [...] La historia del mundo

---

[166] *Ibid.*, p. 324. También desde la filosofía se ha planteado el tema de si Dios necesita ser glorificado, siendo él, perfecto. Véase Giorgio Agamben, *El Reino y la gloria. Una genealogía teológica de la economía y el gobierno, Homo Sacer II.2*, trad. Favia Costa, Edgardo Castro y Mercedes Ruvituso, Buenos Aires: Adriana Hidalgo editora, 2008, pp. 345-451. Para una interpretación de esa perspectiva véase Alberto F. Roldán, *Hermenéutica y signos de los tiempos,* Buenos Aires: Ediciones Teología y Cultura, 2016, pp. 27-48.
[167] *The Coming of God*, p. 326.
[168] *Ibid.*, Para ampliar estos conceptos, Moltmann sugiere, entre otras obras a: Karl Löwith, *Von Hegel zu Nietzsche. Der revolutionäre Bruch im Denken des neunzehnten Jahrhunderets,* 4ta. Edición, Stuttgart, 1958. Versión en castellano ya citada precedentemente: *De Hegel a Nietzsche*, especialmente pp. 55-78 y Hans Küng, *The Incarnation of God: an introduction to Hegel's theological thought*, trad. J. R, Stephenson, Edimburgo, 1987, versión en castellano: *La encarnación de Dios. Introducción al pensamiento de Hegel como prolegómenos para una cristología futura*, trad. Rufino Jimeno, Barcelona: Herder, 1974.
[169] Moltmann, *The Coming of God,* p. 327.

es en sí misma 'el Gólgota del Espíritu absoluto».[170] Hegel aplica la dialéctica a la muerte de Cristo. Su planteo es:

Muerte (negación)
Muerte de Cristo (negación de la negación)
Y por eso, Cristo resucita (afirmación)

Para Hegel, mediante la muerte Dios ha reconciliado al mundo consigo mismo. «Por lo tanto, la negación es victoria, y la negación de la negación es así un aspecto de su naturaleza divina».[171] Esta declaración implica, para Moltmann que: «El objetivo de la historia del mundo es la historia de Dios y para Dios es su total realización propia».[172] Para Hegel, la creación del mundo y la encarnación son esenciales a la naturaleza misma de Dios poniendo en entredicho su libertad. De este planteo, dice Moltmann citando a Barth, surge la pregunta si Dios entonces es su propio prisionero. En suma: «La "razón en la historia" fue un provisional intento milenario de plantear el fin de la historia en medio de la historia, y su efecto sobre la vida en las catástrofes

---

[170] G. W. F. Hegel, *Glauben und Wissen* (1802/s), PhB 62b, ed. G. Lasson, 124 cit. por Moltmann, *Ibid.*, p. 328. Sobre la muerte de Dios, planteada por Hegel, Hans Küng aclara que, aunque el filósofo alemán dijo después que se inspiró en un himno de Lutero «no se trata de una forma piadosa de hablar en términos ortodoxos, sino de una dura experiencia histórica: de un "dolor infinito". ¡Casi un siglo antes de que Nietzsche Proclamara su "Dios ha muerto ¡Dios está muerto! ¡Y nosotros lo hemos matado! Hegel había definido la historia de la época moderna como la de la muerte de Dios"». Hans Küng, *La encarnación de Dios*, p. 229. Sobre el ateísmo de Hegel, véase Alexander Kojève, *La concepción de la antropología y del ateísmo en Hegel,* trad. Juan José Sebreli, Buenos Aires: Editorial Leviatán, 2007. Por su parte Rubén Dri —filósofo y teólogo argentino— al comentar la idea que Hegel tenía sobre Dios, cita al propio filósofo alemán: «*Dios, lo infinito, lo trascendente, no es algo que esté más allá o más acá. Es el sentido desbordante que siempre es más, que continuamente, se trasciende. No es objeto ni es objetivable. Es "el hombre divino universal, la comunidad"* como lo expresa Hegel, que *"tiene por padre a su propio obrar y su saber y por madre* el amor eterno *que se limita a sentir, pero que no intuye en su conciencia como objeto inmediato real"*». Rubén Dri, *La fenomenología del espíritu de Hegel. Perspectiva latinoamericana. Racionalidad, sujeto y poder*. Irradiaciones de la *Fenomenología del espíritu*, tomo 6, Buenos Aires: Editorial Biblos, 2008, p. 200. Cursivas originales. El autor cita la *Fenomenología del espíritu,* trad. Wenceslao Roces y Ricardo Guerra, México: Fondo de Cultura Económica, 1973, p. 456.

[171] Hegel, *Glauben und Wissen*, p. 304. Cit. en *La encarnación de Dios*, p. 328.
[172] *Ibid.*

del siglo XXI fueron desastrosas».[173] Por otra parte, el intento de Hegel es elaborar una teodicea. Dice en otro de sus textos:

> Nuestra consideración es en cierto modo una *teodicea*, una justificación de Dios, que Leibniz ha intentado a su manera en categorías todavía imprecisas y abstractas, para que fuese comprendido el mal en el mundo y para que se reconciliase el espíritu pensante con ese maleficio.[174]

De esa crítica al planteo de Hegel pasa Moltmann a analizar la tercera tesis de las interacciones entre la actividad humana y divina en cuanto a la glorificación. En este segmento recurre al pensamiento de Alfred North Whitehead—matemático y filósofo inglés graduado del Trinity College—que ofrece, dice, una interesante concepción al distinguir dos naturalezas en Dios: la primordial y la consecuente.[175] Esta última, representa el actuar de Dios, físicamente sintiente que sustenta y salva la actividad de Dios. Hay una primera naturaleza de Dios que crea al mundo y hay una segunda por la cual el mundo «crea» a Dios. Según ese planteo, por su naturaleza consecuente Dios es más amplio y más rico de lo que fue en el comienzo. Otro cuestionamiento que señala Moltmann consiste en que: «Aunque Whitehead utiliza metáforas personales para referirse a Dios, tales como "experiencia", "percepción" y "recordar", su concepto de Dios está concebido, curiosamente en términos impersonales».[176] Por supuesto, Moltmann critica ese acercamiento filosófico a Dios, porque ni la glorificación ni la santificación del nombre de Dios pueden depender de los actos humanos porque de ser así, se pregunta: ¿Dónde quedaría la escatología? Por eso, la respuesta a la cuestión de la glorificación de Dios tiene, para el teólogo reformado, una sola respuesta: la trinidad. En otros términos,

---

[173] *Ibid.*, p. 330. Allí mismo, también Moltmann critica a Hegel por su tríada del Absoluto que, aparentemente es una adhesión a la trinidad pero que termina siendo una forma de modalismo.

[174] G. W. F Hegel, *Filosofía de la historia,* 3ra. Edición, trad. Emanuel Suda, Buenos Aires: Claridad, 2008, p. 21.

[175] Para su exposición de ese pensamiento, Moltmann recurre a la obra de Alfred N. Whitehead, *Process and Reality. A Essay in Cosmology,* Nueva York, 1960, pp. 521-533.

[176] Moltmann, *The Coming of God,* p. 332.

pensar la coparticipación que conduce a la glorificación solo puede ser hecha en términos trinitarios. Y allí, recurre Moltmann a los textos del cuarto evangelio que es el que más material ofrece para la reflexión trinitaria y las relaciones *ad intra* entre el Padre, el Hijo y el Espíritu. Jesús pide que el Padre lo glorifique con la gloria que ya tuvo antes de la creación del mundo (Jn. 17.1, 4 en adelante); Jesús glorifica al Padre con su vida perfecta y su muerte en la cruz cuando dice: «Yo te he glorificado en la tierra, y he llevado a cabo la otra que me encomendaste». (Jn. 17.4 NVI). ¿Cuál es el rol del Espíritu en estas relaciones intratriniarias? Explica Moltmann: «El Paracleto, por su parte, glorificará a Cristo, el Hijo, por derramar su conocimiento y su amor. Él procede del Padre e ilumina al Hijo (Juan 14.16, 26)».[177] Pero no es solo Juan quien ofrece estas aproximaciones a las relaciones intratrinitarias en Dios, sino que también Pablo lo concibe en términos similares. El proceso de la resurrección comenzó con el levantamiento de Cristo de entre los muertos en la experiencia del Espíritu de resurrección. Y, por su parte, «Cristo—habiendo cumplido su rol—entregará "el reino" como soberanía consumada a Dios el Padre, para que 'Dios sea todo en todos» (1 Co. 15. 20.28, NVI). De ese modo, concluye Moltmann su argumento: «En esta escatología divina, Dios adquiere mediante la historia su reino eterno, el cual llegará al resto de las cosas, y en la cual todas las cosas vivirán eternamente en él».[178] Esta es la escatología divina, la escatología de la gloria que conduce a la plenitud de Dios y al gozo eterno. Dice Moltmann en lenguaje insuperable: «La plenitud de Dios es luz radiante, luz reflejada en los miles de colores brillantes de las cosas creadas».[179] Culmina apoteósicamente: «La fiesta del gozo eterno está preparada por la plenitud de Dios y el regocijo de todos los seres creados. […] Es semejante a una canción maravillosa o un espléndido poema o una danza magnífica de su fantasía, para la consumación de su plenitud divina. La risa del universo es el deleite de Dios. Es la Pascua universal de la risa. *Soli Dei Gloria*».[180] Es, en la

---

[177] *Ibid.*, p. 334.
[178] *Ibid.* p. 335.
[179] *Ibid.*, p. 336.
[180] *Ibid.*, p. 339. Cursivas originales.

insuperable imagen del Apocalipsis, el Banquete eterno que recrea magníficamente la narrativa de Leopoldo Marechal: «Al mismo tiempo, y en el polo contrario a mi indignidad, veía yo aclararse, como entre relámpagos, la naturaleza del Banquete y su gloria indubitable».[181]

EVALUACIÓN CRÍTICA

La hermenéutica escatológica de Moltmann es de una riqueza y de unos alcances de notables dimensiones. El teólogo reformado se anima a revertir el orden clásico de la escatología—como tratado final de las teologías sistemáticas—y colocar al comienzo de la teología cristiana. Esa reubicación protagónica del quehacer teológico surge de su propio estudio de la Escritura y las teologías cristianas, pero también de la influencia que Ernst Bloch ejerce en su pensamiento al postular como centro de su filosofía *el principio esperanza*. Es de notar, sin embargo, que la recepción que Moltmann hace del filósofo judío marxista lejos esté de ser acrítica, por el contrario, formula al propio pensador una serie de objeciones que tienen que ver, sobre todo, con su adhesión a las fórmulas reduccionistas de Feuerbach para quien «Dios» es una mera proyección del hombre convirtiendo entonces la teología en una antropología. En frase rotunda, para Moltmann no se trata de creer en el «dios esperanza» sino en el Dios de la esperanza tal como se presenta en los testimonios del Antiguo Testamento y del Nuevo Testamento, un Dios que no es utópicamente hipostasiado en el hombre, sino que es el Dios cuya fidelidad apuesta a la esperanza. La esperanza cristiana no consiste entonces en un «trascender sin trascendencia» sino en el Dios de Jesucristo que actúa en la historia hacia un *telos* que no es pro las leyes inmanentes del mundo sino por su propia intervención escatológica.

---

[181] Leopoldo Marechal, *El banquete de Severo Arcángelo,* Buenos Aires: Editorial Planeta, 1994, p. 172. Marechal fue un poeta, dramaturgo y novelista nacido en Buenos Aires en 1900. Único de los grandes escritores de su época que se convirtió al cristianismo evangélico, más precisamente pentecostal, en 1960. Más datos en Alberto F. Roldán, *Escatología ¿ciencia ficción o Reino de Dios?,* pp. 179-184.

Otro aspecto digno de subrayar, es que la escatología de Moltmann toma también consideración el aporte de los pensadores judíos posteriores a las dos guerras mundiales que vuelven a los conceptos matrices del reino de Dios y el mesianismo. Más allá de Bloch, Moltmann analiza los aportes de Franz Rosenzweig, Gershom Sholem, Walter Benjamin, Jacob Taubes y Karl Löwith, pensadores judíos que son conscientes del fracaso de las expectativas del mundo occidental, tronchadas drástica y trágicamente por las dos guerras mundiales, la segunda de las cuales significó el exterminio de millones de judíos. Frente al desastre, retornan entonces a la vieja tradición del Antiguo Testamento intentando una reinterpretación del reino de Dios y el mesianismo. La esperanza escatológica, redescubierta por el judaísmo del siglo XX implica que la esperanza como categoría teológica sólo así puede ser redimida de los escombros de la razón histórica.

Uno de los ejes centrales de la escatología de Moltmann es su énfasis en la trinidad. En efecto, su escatología es decididamente trinitaria, ya no pertenece solo al *corpus* de lo que en la sistemática clásica se denomina «teología propia» sino que desde la trinidad reelabora la escatología en su vinculación con la trinidad. Si bien toma como uno de los recursos el planteo trinitario de Joaquín da Fiore, entiende que el pensamiento de este monje cisterciense tiende a un modalismo ya que piensa la trinidad como etapas en la historia definidas como reino del Padre, reino del Hijo y reino del Espíritu Santo. Hablando de la «libertad trinitaria», Moltmann afirma que la nominación de cada uno de esos «reinos» hay que entender como: reino del Padre que es creación y preservación del mundo, reino del Hijo que es liberación de los seres humanos de la muerte y reino del Espíritu como derrame de las fuerzas de la nueva creación y nuestra participación en ella. Las tres vertientes de la historia, concluye Moltmann, apuntan al reino escatológico de la gloria, la participación de todos los seres humanos en la vida eterna del Dios trino.

Un aspecto de difícil captación de la hermenéutica escatológica de Moltmann es el referido a la conexión entre escatología y misión. En un segmento muy profundo de su exposición en *Teología de la esperanza,* Moltmann abreva en las famosas «pruebas teístas» elaboradas inicialmente por Aristóteles y enriquecidas luego por Santo Tomás de Aquino. Esas pruebas le conducen al teólogo de Tubinga a pensar en la relación entre hermenéutica, misión y escatología. En las palabras de la Escritura está la palabra de Dios que se descubre mediante la exégesis y que se hace realidad en la predicación, mostrando así el influjo barthiano en su pensamiento. Y todo esto, dice Moltmann, tiene un sentido escatológico y misional. Porque la resurrección de Cristo ocurrido una vez y para siempre, conduce a una necesidad escatológica, histórica y misión de la predicación a todos los pueblos. Y esa misión sólo resulta posible en un horizonte escatológico.

Un aspecto donde Moltmann resulta sumamente creativo es el referido a la escatología cósmica. Por supuesto su énfasis es muy necesario por la tendencia platónica insertada en el cristianismo de espiritualizar las promesas escatológicas a un mero cielo etéreo. Por el contrario, como bien muestra, la promesa del Dios de la esperanza incluye nuevos cielos y nueva tierra. Y, respecto a esta última, es muy digno de resaltar su referencia, algo breve, al ecofeminismo representado por Rosemary Radford Reuther que reivindica la tierra como «madre» de la humanidad, como una matriz de vida de la cual surgimos y a la cual volvemos. Por momentos, sin embargo, la interpretación de ese pensamiento aparece como tangencial a una especie de panteísmo.

Otro aspecto de la hermenéutica escatológica de Moltmann es la referida al fin del tiempo y la eternidad de Dios. En segmentos de una gran profundidad filosófica y teológica, Moltmann discurre sobre el problema del tiempo, desglosándolo en las siguientes dimensiones: tiempo de la creación, tiempo de la historia y cumplimiento del tiempo. El tiempo es un misterio indescifrable que, al decir de San Agustín, lo entendía siempre y cuando nadie se lo preguntara. Por supuesto Moltmann toma en cuenta esa interpretación psicológica del tiempo ensayada por el filósofo y teólogo africano, pero va más allá, para postular que el presente constituye y se distingue del pasado y del presente, el cual es una categoría de la eternidad en el tiempo: «un átomo de eternidad». Esto le conduce a abrevar en Sören Kierkegaard, el pensador danés, que se refiere al «momento» del eterno presente y su influencia en teólogos como Barth «el momento eterno del ahora» y en Bultmann, para quien el presente está concebido como el presente escatológico que está dormido y el oyente del evangelio puede despertarlo.

Con todo ese cúmulo de reflexión, Moltmann llega a postular una escatología no sólo cósmica, abarcadora del nuevo mundo de Dios sino también una escatología de la gloria de Dios. Se plante preguntas clave en torno a si esa gloria consiste en la propia glorificación de Dios, en la propia realización de Dios, en la internación entre la actividad divina y humana. Analiza cada una de esas alternativas, cuestionando la perspectiva de Hegel, de un Dios que se realiza y se justifica en la historia, la de Whitehead para quien Dios experimenta el mundo y, de alguna manera, el mundo «crea» a Dios. La única solución a esos dilemas, concluye Moltmann, está en pensar la cooperación y relación intratrinitaria en Dios mismo que, de un modo germinal, San Juan expone en su Evangelio: el Hijo pide al Padre que lo glorifique con la gloria que tuvo antes de la creación del mundo, el Hijo glorifica al Padre al realizar la obra que le encomendó, y el Espíritu procede del Padre e ilumina y glorifica al Hijo. Esas relaciones intratrinitarias se plasmarán al fin de la historia, cuando la plenitud del Dios trino irradie y refleje su luz sobre toda la creación en la fiesta eterna que anuncia el Apocalipsis. Y, como buen teólogo reformado, Moltmann concluye: *Soli Deo Gloria.*

En suma, la hermenéutica escatológica de Moltmann es decididamente interdisciplinaria porque, desde la Biblia, pasando por la teología sistemática, el pensamiento judío post guerras mundiales sobre el mesianismo y la filosofía en sus diversas vertientes—San Agustín, Tomás de Aquino, Kant, Hegel, Kierkegaard, Whitehead, entre otros—desarrolla una escatología integral que responde a los acuciantes problemas de un mundo amenazado, a la espera de la venida gloriosa de Cristo y la plenitud del reino de Dios en cielos nuevos y tierra nueva cuando, según la perspectiva paulina, «Dios será todo en todos» y la realidad espacio-temporal será superada por la eternidad de gozo del Dios trino con su creación. Se trata de una escatología comprometida con el mundo y un proyecto serio de contextualización de la escatología a la realidad del mundo. Esto se visualiza en su diálogo fértil con la teología latinoamericana a la cual toma en serio por sus indiscutidos aportes al tema del reino de Dios. Finalmente, Moltmann pone de manifiesto una vez más la versatilidad de la teología en su modalidad «sistemática», bien entendida.

Desde el aporte indiscutible que Moltmann hace a la escatología cristiana y su hermenéutica interdisciplinaria, pasamos ahora a analizar la hermenéutica de otro grande de la teología sistemática protestante: Wolfhart Pannenberg.

3

La hermenéutica de Wolfhart Pannenberg: Escatología del Reino y el fin de la historia

> *La idea escatológica del reino de Dios como obra de Dios mismo, debe constituir el punto de partida del intento de hacer comprensible la relevancia de la escatología, en primer lugar, para el problema de Dios.*
>
> Wolfhart Pannenberg

Wolfhart Pannenberg (1928-2014) es considerado uno de los más importantes teólogos sistemáticos de la segunda mitad del siglo XX. Así como Karl Barth dominó la teología en la primera parte de ese siglo, se piensa que la segunda parte fue marcada por Pannenberg cuya obra sistemática es enorme y, por lo tanto, imposible de soslayar. Teólogo luterano, Pannenberg comienza su trayectoria teológica planteando como tema central e inicio de su obra el concepto de «revelación en la historia» tal como lo refleja una obra conjunta titulada: *Revelation as History*.[182] Como hemos señalado en un trabajo anterior: «Pannenberg encara el proyecto de elaborar una "teología filosófica" que, como tal, no solo sea reflexiva, sino que, sobre todo, fije como punto de partida la revelación en la historia, eje central de su empresa».[183] La

---

[182] Wolfhart Pannenberg (ed.), Wolfhart Pannenberg, Rolf Rendtorff, Trutz Rendtorff & Urich Wilkens, *Revelation and History,* trad. David Granskou, Londres: The Mcmillan Company, 1968.

[183] Alberto F. Roldán, *Atenas y Jerusalén. Filosofía y teología en la mediación hermenéutica,* Lima: Ediciones Puma, 2015, p. 29.

importancia que la filosofía tiene en su articulación de la teología cristiana se pone de manifiesto en dos de sus obras: *Una historia de la filosofía desde la idea de Dios*[184] y *Teoría de la ciencia y teología.*[185] En la primera, Pannenberg afirma que «Sin un verdadero conocimiento de la filosofía no es posible entender la figura histórica que ha cobrado la doctrina cristiana ni formarse un juicio propio y bien fundamentado de sus pretensiones de verdad en el tiempo presente».[186] La historia del pensamiento cristiano y la historia de la propia teología le dan toda la razón. Desde sus comienzos en el siglo II a. C., la influencia de la filosofía fue central en el desarrollo de la teología de los Padres de la Iglesia, tanto en la escuela griega como en la escuela latina. Teólogos como Clemente y Orígenes de Alejandría, Tertuliano de Cartago y San Agustín de Hipona—por citar solo algunos— articulan sus teologías en diálogo cordial y en ocasiones ríspidos con las filosofías griegas, sean platónicas, neo platónicas o—posteriormente—aristotélicas. Sin el concurso de la filosofía griega acaso hubiera imposible elaborar la teología de la trinidad o hablar de las dos naturalezas de Jesucristo en cuya articulación se recurre a terminología de aquella disciplina. De ese modo, el cristianismo y su naciente teología se inculturó en el mundo

---

[184] Wolfhart Pannenberg, *Una historia de la filosofía desde la idea de Dios,* trad. Rafael Fernández de Mururi Duque, Salamanca: Sígueme, 2001. En su evaluación de la importancia de la filosofía en la articulación teológica de Pannenberg, Carlos Cásale Rolle dice: «A modo de balance, nosotros pensamos que la manera como Pannenberg interpreta el papel *mediador* de la filosofía en la teología es, en su intuición básica, acertado y muy rico para la reflexión actual. Hoy en día una de las canteras más fecundas para una teología responsable frente a la misión de la Iglesia, consiste en reflexionar por la manera como la filosofía se relaciona con la teología—que tiene por objeto a Dios, quien «determina toda la realidad»—al interior de una estructura de «identidad y diferencia». CASALE ROLLE, Carlos Ignacio. La filosofía como mediación necesaria para la misión de la Iglesia: Una intuición básica de la teología de Wolfhart Pannenberg. *Teol. vida* [online]. 2007, vol.48, n.4 [citado 2020-04-28], pp. 368-369. Disponible en: <https://scielo.conicyt.cl/scielo.php?script=sci_arttext&pid=S0049-34492007000300002&lng=es&nrm=iso>. ISSN 0049-3449. http://dx.doi.org/10.4067/S0049-34492007000300002. Accedido el 28 de abril de 2020

[185] Wolfhart Pannenberg, *Teoría de la ciencia y teología,* trad. Eloy Rodríguez Navarro. Madrid: Ediciones Cristiandad, 1981.

[186] *Op. Cit.*, p. 13.

grecorromano, en términos joaninos: se encarnó.[187] Pannenberg retoma esa corriente y responde a los desafíos de las nuevas escuelas filosóficas y allí radica, en parte su importancia. Para el teólogo luterano, según interpreta Stanley Grenz, «la naturaleza de la teología sistemática es una coherente presentación de un modelo del mundo, la humanidad y la historia fundamentadas en Dios, que demuestra la realidad de Dios y la verdad de la doctrina cristiana».[188] En un meduloso ensayo, Pannenberg define y defiende su empresa sistemática en estos términos:

> La universalidad de la afirmación dogmática fundamenta su carácter sistemático. Desde lo peculiar de la historia de Jesús como acontecimiento escatológico, el dogmático ve de tal forma el conjunto de la realidad que, en ese conjunto, todo lo particular queda mutuamente conectado. La diafanidad de las conexiones que se establecen en el sistema de las afirmaciones dogmáticas, es expresión de la coherencia de todas las cosas dentro del conjunto de la realidad, entendida como acontecer escatológico por proyección sobre el acontecimiento de Cristo.[189]

---

[187] Para un análisis del tema véase Juan Luis Segundo, *¿Qué mundo? ¿Qué hombre? ¿Qué Dios?,* Santander: Sal Terrae, 1993, especialmente el capítulo 1: «¿Por qué 'sumar' filosofía a teología?», pp. 15-42. En esa misma obra, el teólogo uruguayo afirma que «Pablo, en su discurso a los atenienses, alude al dios de los filósofos cuando se declara adorador de ese "Dios desconocido... en quien vivimos, nos movemos y existimos" (Hch 17,23, 28)». *Ibid.,* p. 77. Esas palabras, comenta, señalan con nitidez la forma que los griegos tenían de concebir al universo y que más adelante, el platonismo y el neoplatonismo serán las escuelas que los teólogos considerarán favoritas por considerarlas afines al pensamiento cristiano «tal cual éste asoma ya en los escritos joánicos en el Nuevo Testamento y, más tarde, en la teología patrística». *Ibid.,* p. 78. Ya en la Edad Media, se produce la «inculturación en la filosofía griega [que] le brindó, empero, no sólo la posibilidad de dialogar con ese mundo, sino un carácter que terminó haciendo de la filosofía una "ancilla" (= esclava) de la teología: el lenguaje "científico" de la época. Precisión, brevedad, eficacia argumentativa [...]» *Ibid.,* p. 86.

[188] Stanely J. Grenz, *Reason for Hope. The Sytematic Theology of Wolfhart Pannenberg,* 2da. Edición, Grand Rapids: Eerdmans, 2005, p. 20.

[189] Wolfhart Pannenberg, «¿Qué es una afirmación dogmática?» en *Cuestiones fundamentales de teología sistemática,* trad. José María Mauleón y Joan Leita, Salamanca: Sígueme, 1976, p. 43. También Paul Tillich es un defensor de la teología sistemática como método para elaborar el pensamiento teológico. Siendo consciente de las críticas a esa modalidad de teología, sostiene que, si el título «teología sistemática» tiene justificación, el teólogo sistemático no debe temer al sistema. «La forma sistemática cumple la función de garantizar la coherencia de las aserciones cognoscitivas en todos los dominios del saber metodológico. En este sentido, algunos de los más apasionados detractores del sistema son los más sistemáticos en la totalidad

En este capítulo, nuestra intención es exponer la teología de Pannenberg, obviamente no en su totalidad—empresa casi imposible—sino buscan descubrir en qué consiste su hermenéutica escatológica. Intentaremos demostrar que su hermenéutica referida a la escatología es: crítica, centrada en el reino de Dios, vinculada a la pneumatología y a la ética y cuyo final es la consumación de la historia. La importancia de la escatología es definida de modo explícito por Pannenberg al afirmar: «La idea escatológica del reino de Dios como obra de Dios mismo debe constituir el punto de partida del intento de hacer comprensible la relevancia de la escatología, en primer lugar, para el problema de Dios».[190]

HERMENÉUTICA ESCATOLÓGICA CRÍTICA

Una de las cosas que más nos llama la atención al leer los textos de Pannenberg referidos a la escatología es su criticidad. El teólogo luterano analiza todo el decurso de la teología desde los Padres de la Iglesia, pasando por la Edad Media, la Edad Moderna y la Edad Contemporánea y pone la lente en algunos aspectos que una lectura superficial de los textos encontraría serias dificultades en detectar. Y no sólo analiza críticamente a las propuestas de los teólogos, sino que también cuestiona a algunas escuelas

---

de sus enunciados. Y no es raro que quienes atacan a la forma sistemática se impacienten sobremanera cuando descubren alguna incoherencia en el pensamiento de los demás». Paul Tillich, *Teología sistemática,* vol. I, trad. Damián Sánchez-Bustamante Páez, Barcelona: Libros del Nopal-Ariel, 1972, p. 83. Luego, Tillich deconstruye las críticas que se le hacen a la teología sistemática que son, básicamente tres: la confusión entre sistema y sistema deductivo, el supuesto cierre de puertas a una investigación posterior como si fuera un «sistema cerrado» y considerar al sistema «como una prisión en la que se ahoga la creatividad de la vida espiritual». *Ibid.*, p. 83. En cuanto al biblicismo, mientras pretende tener una teología puramente «bíblica», aséptica, en realidad «depende efectivamente de los desarrollos dogmáticos que definió la época de la post-Reforma». *Ibid.*, p. 57. José Míguez Bonino también critica la pretendida objetividad de las ciencias bíblicas cuando dice: «Las exégesis "científicas", "históricas" y "objetivas" ser revelan plenas de presupuestos ideológicos». José Míguez Bonino, *La fe en busca de eficacia,* Salamanca: Sígueme, 1977, p. 128.

[190] Wolfhart Pannenberg, *Teología y reino de Dios,* trad. Antonio Caparrós, Salamanca: Sígueme, 1974, p. 14.

filosóficas que de alguna manera se relacionan con los temas escatológicos.

Pannenberg[191] comienza su recorrido histórico de la escatología mencionando a Clemente de Roma que llamó al mensaje de los apóstoles el evangelio del inminente señorío de Dios y su reino. En los apologistas, dice, raras veces se habla de la *basileía* de Dios, siendo más común en Ireneo de Lyon. El punto de partida para el tratado específico de la escatología se produce con Pedro Lombardo, el maestro de las *Sentencias,* pero su enfoque es sólo referido a los temas de la resurrección y el juicio final. Menciona a Santo Tomás de Aquino que, en *Suma contra los gentiles,* dedica un amplio espacio a la escatología. Se refiere al párrafo que transcribimos: «Y la generación y corrupción de las creaturas inferiores depende casualmente de los movimientos del cielo. Luego para que cese la generación y corrupción, también ha de cesar el movimiento del cielo; por eso dice el Apocalipsis: "Ya no existirá el tiempo"».[192] Recién con Johannes Cocceius y su «teología federal», el tema del reino de Dios llega a ser tema dominante para la historia y la escatología. El tema del reino de Dios, ya en el campo filosófico, reaparece en la filosofía de Emmanuel Kant—en el contexto de su ética del deber—en su obra *La religión dentro de los límites de la mera razón.*[193] Menciona luego a los ya citados por Ladd y Moltmann: Ritschl y Weiss. De este último—recordamos que era yerno de Ritschl—destaca que en su obra *Jesus' Proclamation of the Kingdom of God* la venida del reino se produciría solo por Dios, sin ninguna cooperación humana. Y luego, Pannenberg formula una tesis: «A causa de que Dios y su señorío forman el contenido de la salvación escatológica, la escatología no es justamente el sujeto de un simple capítulo en la dogmática; ella determina la

---

[191] Wolfhart Pannenberg, *Systematic Theology,* vol. 3, trad. Geoffrey W. Bromiley, Grand Rapids: Eerdmans, 1998, pp. 527ss. Hay versión en español de esta obra, publicada por la Universidad Pontificia de Comillas.

[192] Santo Tomás de Aquino, *Suma contra los gentiles,* 4.97, cit. en *Ibid.*, p. 529, nota 12. La cita de la obra de Santo Tomás ha sido tomada de la siguiente versión en castellano: *Suma contra los gentiles,* 2da. Edición, trad. Carlos Ignacio González, México: Editorial Porrúa, 1985, capítulo XCVII, p. 713.

[193] Para un análisis del tema véase: Alberto F. Roldán, «El concepto kantiano del reino de Dios en *La religión dentro de los límites de la mera razón*» en *Atenas y Jerusalén en diálogo,* pp. 41-50.

perspectiva de la doctrina cristiana como un todo».[194] Abraham Calov (1612-1686), luterano, sería el primero en utilizar el término *escatología* como título del volumen 2 de su *Systema* (Wittenberg, 1677).

En su sección titulada «El camino para establecer las declaraciones escatológicas», Moltmann hace un repaso de cómo se consideró al reino de Dios en el Iluminismo y el Romanticismo alemán. Después de Kant se produce la disolución de la escatología alcanzando su culminación con Hegel y el monismo hegeliano del Espíritu absoluto. La teología del Iluminismo alemán había considerado las ideas escatológicas de los escritos del NT como una especie de remanente de las ideas judaicas. «En este proceso, el concepto del reino de Dios fue desvestido de sus características político-mesiánicas dándole una interpretación ética [...]»[195] Luego, el autor se refiere a Schleiermacher y su influencia. Dice:

> Desde el tiempo de Schleiermacher y bajo su influencia, la teología del protestantismo alemán había basado la esperanza cristiana de la vida más allá de la muerte sólo basada en la comunión de los creyentes con Jesús sin tratar de encontrarle justificación racional en la doctrina filosófica de la inmortalidad del alma y, de ese modo, la forma de esta vida futura podría ser sólo un asunto subordinado.[196]

Vuelve a referirse a Weiss, cuya obra de 1892 podría haber sido un resurgimiento de la escatología, pero no fue así. La escatología catastrófica de Jesús y su expectativa del reino en la primera generación no ocurrió y, tal como luego reinterpretó Albert Schweitzer—a quien Pannenberg cita en nota—inicialmente Jesús enuncia una «ética del ínterin» que es el Sermón del Monte, porque percibía la inminencia del reino de Dios. Al no acontecer, en actitud casi suicida, se va a Jerusalén para ver si de ese modo puede forzar a la venida del reino de Dios. Utilizando metáforas botánicas, explica Carl Braaten—discípulo de Pannenberg, como veremos más adelante—:

---

[194] *Systematic Theology* 3, p. 531.
[195] Pannenberg, *Systematic Theology*, vol. 3, p. 533.
[196] *Ibid.*, p. 534.

Como alguien dijo, Schweitzer no perteneció a su propia escuela. Luego de haber demostrado que el Jesús histórico es similar a una planta que creció en el suelo de la escatología, siguió diciendo que si la trasplantamos a un suelo moderno se marchita y muere. Debemos abandonar al Jesús histórico en su suelo escatológica, fuera de época; no hay posibilidad de crecimiento en nuestros jardines modernos. De modo que Schweitzer viró hacia el misticismo de la voluntad y se fue a África.[197]

De ese modo, como el propio Schweitzer concluye: Jesús mismo destruye la escatología, es el fin de la escatología.

Es con Karl Barth que se produce una renovación de la escatología y su relevancia para el pensamiento cristiano. Como dice Pannenberg: «él visualizó este señorío como relación de la propia realeza de Dios para nosotros y para el mundo».[198] La relectura del carácter catastrófico de la escatología del Nuevo Testamento, apunta Pannenberg, fue facilitada por el desastre que implicó la primera guerra mundial que fue, dicho sea de paso, generó la elaboración de su *Carta a los romanos* en 1918.[199] Un dato muy importante que proporciona Panneberg, es que fue Franz Overbeck quien ayudó a Barth a sensibilizarse por el tema de la frontera de la muerte a partir de la cual podemos pensar la vida, un tema que luego alcanzaría su articulación filosófica en Heidegger y su análisis de la existencia.[200] Franz Overbeck (nació en Petersburgo en 1837 y falleció en Basilea en 1905) fue un

---

[197] Carl Braaten, *Ética y escatología,* trad. Luis Farré, Buenos Aires: La Aurora, 1977, p. 13. Para un análisis de la escatología de Schweitzer, véase Alberto F. Roldán, *Hermenéutica y signos de los tiempos,* pp. 141-178.

[198] *Systematic Theology,* vol. 3, p. 536.

[199] El libro fue terminado en 1918 y la primera edición publicada en alemán con el título *Der Römerbrief*, (1919). Versión en inglés: *The Epistle to the Romans,* trad. Edwyn C. Hoskyns, London: Oxford University Press,1933, en castellano: *Carta a los Romanos,* trad. Abelardo Martínez de la Pera, Madrid: Biblioteca de Autores Cristianos, 1998; en portugués: *Carta aos Romanos,* trad. De la 5ta edición en alemán por Lindolfo K. Anders, San Pablo: Novo Século, 1999.

[200] Pannenberg, para ampliar el tema de la relación de Barth con Overbek, al ensayo de Barth «Usettled Question for Theology Today» (1920), en *Theology and Church,* (London, 1962, pp. 55ss. Especialmente 58ss. Con respecto a Heidegger, remite a: *Being and Time.* § 46-53. Versión en castellano: Martín Heidegger, *Ser y Tiempo,* 5ta. Edición, trad. Jorge Eduardo Rivera, Santiago de Chile: Editorial Universitaria, 2015. Los parágrafos indicados están en las pp. 259-288.

teólogo protestante, amigo de Nietzsche, que influyó no sólo en Barth sino también en otros teólogos como Gogarten[201] y en filósofos como Karl Löwith, ya mencionado en el capítulo anterior. Justamente Löwith dedica las páginas finales de su obra *De Hegel a Nietzsche* a interpretar el pensamiento de Overbeck. Considera que el pensador se oponía a Hegel y pensaba que el cristianismo primitivo consistía en la espera inminente del fin del mundo y el regreso de Cristo. Citando a Overbeck, escribe Löwith:

> «Junto con la fe en la *parusía,* el antiguo cristianismo perdió la fe en su juventud» y en esa contradicción entre la antigua escatología cristiana y el sentimiento del porvenir, propio del presente, es fundamental, y quizá sea el hecho principal de la ruptura de nuestra época con el cristianismo. En efecto, se halla tan alejando del presente, tendido hacia el futuro, como de la creencia en un próximo fin del mundo.[202]

Pannenberg, como hemos visto, reconoce el aporte de Barth para recuperar la centralidad de la escatología. Afirma que recién en el siglo XX, con el teólogo de Basilea, la escatología reaparece en su fulgor como tema de la doctrina cristiana. «Como Barth lo notó, el cristianismo que no sea plena y absolutamente escatología no tiene nada que ver con Cristo».[203] Sin embargo, más adelante en su exposición, Pannenberg formula una crítica tanto a Barth como a Bultmann, diciendo:

> En Barth y en Bultmann, la concentración sobre la realidad constitutiva de Dios en relación al presente reemplaza la escatología bíblica del futuro. De ese modo, esta escatología pierde su específica estructura temporal, su tensión relativa a la consumación del futuro. En consecuencia, su contenido

---

[201] Friedrich Gogarten (Dortmund 1887-Gotinga 1967), teólogo luterano que, junto a Karl Barth y Eduard Turneysen se inscribió dentro de la teología dialéctica. Una obra de él en castellano es: *Destino y esperanzas del mundo moderno,* trad. Carlos de la Sierra, Barcelona-Madrid, Fontanella-Marova, 1971.

[202] Franz Overbeck, *Christentum und Kultur,* pp. 69ss, cit. por Karl Löwith, *De Hegel a Nietzsche,* pp. 188-189. Cursivas originales. Esta obra la dedica Löwith «*A la memoria de Edmund Husserl*».

[203] Karl Barth, *The Epistle to the Romans,* (1963), p. 314, citado por Pannenberg, *Systematic Theology,* vol. 3, p. 532, nota 25.

funciona más como metáforas o como las «míticas» concepciones de una interpretación existencial.[204]

En nota, Pannenberg señala otra cuestión crítica de la escatología de Barth que, mientras en su comentario a Romanos tenía una comprensión clara de la escatología, luego es obscurecida por su punto de vista de la llamada «escatología trascendental», terminología que no es habitual en Barth pero que Moltmann definió como una «trascendental subjetividad de Dios». Esa tendencia la hemos detectado también cuando analizamos la escatología de Barth[205] que, más allá de subrayar la importancia de la escatología, su visión parece moverse en un plano trascendental, que se delata en los términos que utiliza: «ahistórico», «sobrehistórico» y «protohistórico».

En cuanto a Moltmann, Pannenberg le reconoce su aporte a la escatología, aunque al mismo tiempo le formula críticas. Dice:

> Moltmann interpretó el evento de la actual salvación en Cristo Jesús como promesa y así integró ese evento en la historia bíblica de la promesa. En este sentido, Moltmann estuvo todavía más cerca de la teología de la Palabra de Dios enunciada por Barth y Bultmann por cuanto se abstuvo de dar validez a la palabra de promesa en la realidad de la experiencia humana y visualizó la promesa esencialmente como una contradicción a la realidad del mundo tal como lo conocemos.[206]

Sin embargo, en nota al pie, Pannenberg critica a Moltmann por su tendencia a evadir la cuestión de la historicidad de la resurrección de Cristo, tema que es, como veremos, no negociable en la escatología pannenbergiana.[207]

---

[204] Pannenberg, *Ibid.*, p. 537.
[205] Cf. Alberto F. Roldán, *Escatología. Una visión integral desde América Latina*, pp. 29-30. En la segunda versión titulada: *Hermenéutica. ¿Reino de Dios o ciencia ficción?*, pp. 35-36.
[206] Pannenberg, *Systematic Theology* vol. 3, p. 538.
[207] Pannenberg remite a la obra de Moltmann *Teología de la esperanza*, donde el teólogo de Tubinga sostiene que podemos llamar resurrección de Jesús de entre los muertos algo «histórico» solo a la luz de la fe en la promesa. Para más datos sobre esa perspectiva de Moltmann, véase su *Teología de la esperanza*, pp. 226-239 donde dice que «la afirmación de la resurrección de Jesús por Dios es una afirmación imposible para la "ciencia histórica" y, por ello, carente de sentido para sí misma». *Ibid.*, p. 228.

También Pannnenberg critica a Tillich. Es cuando expone el tema del reino de Dios como fin de la historia. Tillich afirma que el fin de la historia trasciende todos los momentos del proceso temporal está escondido en el permanente presente de la historia. Pannenberg objeta esa perspectiva porque, dice, «en ese caso, sin embargo, el futuro escatológico llega a ser un mero símbolo. "El eterno no es un futuro estado de cosas; es siempre presente". En otras palabras, no hay futuro en el cumplimiento de la historia».[208] Stanley Grenz[209] comenta que Pannenberg percibe en Tillich la influencia de Schelling, que declaró que la muerte completa la esencialización, así como el Espíritu deriva su esencia de una persona y permanece en la eternidad. Pannenberg critica el punto de vista de Tillich porque deriva en un ser sin tiempo antes que relacionar al ser con el proceso temporal. La comprensión del tiempo y de la historia hace de ello algo inconsecuente, pese al intento de Tillich por sortear el problema mediante el concepto del «nuevo ser».

Refiriéndose a lo que denomina «teología de la muerte», Pannenberg da cuenta de que en el siglo XX se realizó el intento por interpretar la muerte como la consumación de la existencia. Se refiere a dos filósofos que desarrollaron el tema: fundamentalmente Martín Heidegger y, de modo más breve, Jean-Paul Sartre. Nos interesa exponer aquí su apreciación de Heidegger. Dice que la tarea del filósofo alemán fue mostrar que el «fin» puede constituir la totalidad de la existencia. «Nosotros podemos encontrar la existencia en su totalidad solo cuando tenemos conciencia "anticipatoria" de nuestra propia muerte».[210] Pannenberg nos remite a *Ser y Tiempo,* en los parágrafos donde Heidegger desarrolla el tema del ser-para-la-muerte. Para el filósofo alemán, la importancia de la muerte como tema existencial es más importante que toda referencia biológica, ontológica, psicológica, de la teodicea y aún de la teología. Dice: «La interpretación existencial precede a toda biología y ontología de la vida».[211] La psicología, dice Heidegger, informa más del

---

[208] Wolfhart Pannenberg, *Systematic Theology* 3, p. 587.
[209] Stanley J. Grenz, *Reason for Hope,* pp. 270-271, nota 23.
[210] Martín Heidegger, *Being und Time,* p. 280. Cit. por Pannenberg, *Ibid.*, p. 557.
[211] *Ser y tiempo,* § 49, p. 270.

«vivir» del «moriente» que sobre el morir mismo. Y, en expresión rotunda, agrega: «la muerte, en cuanto posibilidad de ser de cada Dasein, *se hace presente dentro de este*».[212] Heidegger da total primacía al análisis existencial del ser-para-la-muerte, por encima no sólo de la biología y la psicología, sino también de la «teodicea y teología de la muerte».[213] En ese contexto que cita en nota a San Pablo y a Calvino. En otro texto Heidegger transcribe la expresión de San Pablo: «cada día muero» y aquí cita la *meditatio futurae vitae* de Calvino. La muerte acompaña al Dasein—el *ser-ahí*—, desde su nacimiento y durante toda la vida. «El fin amenaza al Dasein. La muerte es algo que aún no esté-ahí, no es el último resto pendiente reducido a un mínimo, sino más bien una inminencia [*Bevorstand*]».[214] Y, en términos dialécticos, agrega: «La muerte es la posibilidad de la radical imposibilidad de existir [*Daseinsunnoglechkeit*]».[215] Las referencias de Heidegger a la teología, a San Pablo y a Calvino son botones de muestra del interés e influencia que la teología ejerció en su formación. Se recordará que los primeros estudios de Heidegger fueron en teología al ingresar a un seminario jesuita. Luego derivó a la filosofía y por un largo período no quiso saber casi nada de ser llamado «teólogo». No obstante, la teología fue algo que abordó en textos como: *Estudios sobre mística medieval*[216]—que analiza el pensamiento de San Agustín—e *Introducción a la fenomenología de la religión*[217] obra esta última, cuyo contenido medular son las epístolas de San Pablo, especialmente la primera y segunda a los Tesalonicenses. Justamente al final de su exposición de la primera de esas epístolas, utiliza un lenguaje eminentemente teológico.

«La respuesta de san Pablo a la pregunta por el cuándo de la *parousia* es, por tanto, exigir que permanezcan vigilantes y

---

[212] *Ibid.* Cursivas originales.
[213] *Ibid.*, p. 271.
[214] *Ibid.*, p. 272. Cursivas originales.
[215] *Ibid.*, p. 273. Cursivas originales.
[216] Martín Heidegger, *Estudios sobre mística medieval,* trad. Jacobo Muñoz, México: Fondo de Cultura Económica, 1997. Se trata de estudios sobre la obra y pensamiento de San Agustín.
[217] Martín Heidegger, *Introducción a la fenomenología de la religión,* trad. Jorge Uscateucu, México: Fondo de Cultura Económica, 2006.

sobrios. Aquí hay clavada una banderilla contra el entusiasmo, la cavilosidad de aquellos que andan tras preguntas como la del cuándo, de la *parousia* y especulan respecto a ellas. Se preocupan sólo del "cuándo"; en el "qué", en la determinación objetual no tienen ningún interés personal real. Están presos de lo mundano».[218] Heidegger recupera su interés por la teología en Marburgo, cuando compartía cátedras en esa universidad con Rudolf Bultmann en 1923. Allí, mientras Bultmann daba cursos de Nuevo Testamento y teología, Heidegger enseñaba filosofía.[219] El nuevo interés de Heidegger en la teología surgió precisamente al dialogar fértilmente con Bultmann a quien consideró el único ser humano importante para dialogar en una Marburgo en la cual, decía él, no pasaba nada importante. Fue allí donde Heidegger volvió a leer a San Pablo con nuevos ojos y renovado interés.

Volviendo al análisis que Pannenberg hace del planteo de Heidegger sobre la muerte, el teólogo de Múnich juzga que es un análisis excelente. Lo es, también, al tener en cuenta las situaciones débiles de la vida, tales como la enfermedad y la cercanía de la muerte, presente en culturas antiguas, que incluyen también el Antiguo Testamento. Sin embargo, allí parecen terminar las semejanzas entre la filosofía de Heidegger y el planteo cristiano sobre la muerte. En otro texto, es donde Pannenberg pone su acento crítico sobre la perspectiva heideggeriana sobre la muerte y le formula preguntas. Dada su importancia, citamos el párrafo *in extenso*:

> En este punto se ha de plantear la cuestión de si el ser-ahí es verdaderamente conducido a su totalidad mediante la muerte.

---

[218] *Ibid*, p. 130.

[219] Para un análisis de la teología en Heidegger, véase el sólido estudio de Philippe Capelle-Dumont, *Filosofía y teología en el pensamiento de Martin Heidegger,* trad. Pablo Corona, Buenos Aires: Fondo de Cultura Económica, 2012. Para un análisis del influjo de Heidegger en Bultmann véase Alberto F. Roldán, «La fe como evento existencial-escatológico en el pensamiento de Rudolf Bultmann. De la filosofía de Martín Heidegger al planteo teológico» en *Franciscanum. Revista de las ciencias del espíritu*, vol. OV, Nro. 160, julio a diciembre de 2013, pp. 165-194. Un estudio de la hermenéutica de Heidegger es el texto de Alberto F. Roldán, «La hermenéutica heideggariana como aperturidad al mundo» en *Hermenéuticas y éticas. Del texto interpretado a la acción responsable en situaciones de conflicto,* capítulo 1, Oregon: Publicaciones Kerigma (próximamente).

¿No será más bien roto, fragmentado, en la muerte? La totalidad posible del ser-ahí, ¿no va siempre más allá [Sic] de aquello que la muerte hace de él? En este sentido Sartre ya había rechazado la tesis heideggeriana. Se necesitaría de una luz distinta de la que la muerte arroja sobre esta vida para poder reconocer en ella una totalidad. Expresión de ello son el convencimiento y esperanza de los pueblos en un futuro más allá de la muerte. Si la muerte no consigue traer el ser-ahí a su totalidad, se viene abajo también la tesis de un significado constitutivo de la muerte para la experiencia del tiempo.[220]

En lugar de que el Dasein llegue a su totalidad mediante la muerte, como plantea Heidegger, más bien la muerte significa una ruptura, una fragmentación del Dasein en la muerte. Por eso, recurriendo una vez más a su *Systematic Theology*[221] Pannenberg recuerda que para la visión judeo-cristiana, la muerte implica separación de Dios, fuente de la vida y, en términos de Pablo, es el «salario del pecado» (Romanos 6.23). Por supuesto, desde la «teología de la muerte» Heidegger no puede dar un paso hacia adelante, porque es sólo la teología cristiana la que tiene un discurso para el más allá de ese aciago destino: la resurrección.

HERMENÉUTICA ESCATOLÓGICA DEL REINO

Según interpreta Stanley Grenz[222]—teólogo estadounidense que fue discípulo de Pannenberg en Múnich—el propósito que persigue Pannenberg es encontrar un nuevo fundamento para la escatología, retomando en alguna medida la perspectiva de Weiss que enfatizó la centralidad de la escatología futurista en cuanto al reino de Dios. También, podemos decir que Pannenberg continúa en los carriles que había iniciado Oscar Cullmann con su teología pasada en la historia de la salvación (*Heilsgeschichte*).[223] Su obra *Teología y reino de Dios* es un ensayo donde presenta sus ideas

---

[220] Wolfhart Panneberg, *Metafísica e idea de Dios,* trad. Manuel Abella, Madrid: Caparrós Editores, 1999, pp. 73-74.
[221] *Systematic Theology,* vol. 3, p. 559.
[222] Stanley Grenz, *Op. Cit.*, p. 262.
[223] Cf. Oscar Cullmann, *Cristo y el tiempo,* trad. Juan Estruch, Barcelona: Editorial Estela, 1968 (orig. *Christ et le Temps*).

seminales sobre el reino y su importancia central para la teología cristiana. Su tesis principal está elaborada en estos términos: «La idea escatológica del reino de Dios como obra de Dios mismo debe constituir el punto departida del intento de hacer comprensible la relevancia de la escatología, en primer lugar, para el problema de Dios».[224] Nos podemos preguntar: ¿por qué esa idea del reino de Dios es el punto de partida de la escatología y, sobre todo, para el problema de Dios? Partiendo de que la teología es, básicamente un discurso sobre Dios, la idea de Dios debe ser rectora en el todo el desarrollo de la teología cristiana. La acción escatológica de Dios va a confirmar la veracidad de Dios del Dios que no miente y es fiel a su palabra. Pannenberg considera que, si bien Bultmann y Dodd abordaron el tema del reino de Dios, descuidaron su realización concreta. De modo rotundo, dice: «el ser de Dios no puede pensarse sin su reino. Dicho en el lenguaje de la ciencia de la religión: el ser de los dioses consiste en su poder. Creer en un Dios único significa confiar en que en última instancia todo está determinado por un poder único».[225] El mundo está disgregado, no representa una unidad sino más bien una diversidad y una dispersión. Dios debe ser pensado como el unificador de ese mundo dividido y «esto significa además que Dios tiene poder sobre el futuro de aquéllos que pertenecen a su reino. Así se cierra el círculo».[226] Dios es pura libertad. No es derivado de nada ni de nadie, es el ser «que se piensa a sí mismo» en términos aristotélicos. Las diferencias entre ser y tiempo y entre pasado, presente y futuro, lo son para la humidad creada, pero no para Dios. De allí la importancia del *eschaton* como irrupción final de Dios en la historia. «Así, el *eschaton* es eternidad y esta eternidad de la libertad es el modo de ser de Dios en el venir de su reino».[227] De modo que es el *eschaton* entendido como la venida de Dios y punto final de la historia la que le dará sentido y a partir de la cual debemos entender su devenir.

---

[224] Wolfhart Pannenberg, *Teología y reino de Dios,* trad. Antonio Caparrós, Salamanca: Sígueme, 1974, p. 14.
[225] *Ibid.*, p. 17.
[226] *Ibid.*, p. 23.
[227] *Ibid.*, p. 29. Cursivas originales.

¿Qué vinculación tiene la trinidad con la escatología? Pannenberg sostiene que las distinciones en la trinidad: Padre, Hijo y Espíritu Santo se fundamentan en la diferencia entre presente y futuro, pero al final «están asumidos en la unidad de Dios por el eterno presente de Dios, que es el Espíritu».[228] La referencia al «eterno presente» insinúa ya la relación entre tiempo y eternidad, que va a tratar en otros segmentos de su obra. Pannenberg hace una distinción entre «ser supremo» y la idea trinitaria de Dios. El ser supremo es una unidad estática, mientras que el concepto trinitario vincula a Dios con el presente y el futuro. Explica:

> La doctrina de la trinidad describe al Dios venidero como Dios del amor cuyo futuro ha llegado ya, que integra a través de sí mismo el mundo presente y pasado y, transformándolo así, lo afirma para la participación en su propia vida inmortal.[229]

Una cuestión importante es la relación entre el reino de Dios y la Iglesia. Dedica un capítulo íntegro a ese tema. Distingue entre el carácter eterno del reino de Dios y el carácter temporario de la Iglesia. «El reino de Dios es mayor que la iglesia, y ésta tiene su función específica y su importancia sólo en la ordenación al reino de Dios».[230] Para Pannenberg, la eclesiología no comienza con la Iglesia sino con el reino de Dios que implica su propósito con toda la humanidad y con el mundo. En todo caso, hay que comprender «el reino de Cristo» como una instancia anticipatoria del reino, como un camino que prepara para el reinado de Dios. El reino de Dios también tiene un carácter político, lo cual plantea la pregunta: «¿La venida del reino de Dios está vinculada a una determinada forma de la sociedad, sea la monarquía, la democracia o el socialismo?»[231] Su respuesta es contundente: «El reino de Dios no ha tomado forma concreta en ningún tipo de estado, no es idéntico con ninguna forma de orden político actualmente existente».[232] Ningún modelo de organización social

---

[228] *Ibid.*, p. 39.
[229] *Ibid.*
[230] *Ibid.*, p. 43.
[231] *Ibid.*, p. 51.
[232] *Ibid.*, p. 52.

es definitivo y perfecto. Esto lo muestra la propia historia y los cambios que se han dado en la sociedad en búsqueda de un Estado perfecto. Pero la política sigue siendo importante y su acción debiera encaminarse a la luz del reino de Dios que es el que libera y pone en marcha una dinámica para el cambio social. En este contexto, Pannenberg es muy claro en reafirmar el carácter divino del reino. Dice:

> El reino de Dios no será establecido por los hombres. No será el resultado de ninguna planificación de las perspectivas del futuro. Es sumamente serio que permanezca el reino *de Dios*, cuyo camino a través de la historia se ha dado a conocer, la mayor parte de las veces, por la caída del orgullo humano.[233]

Pero el hecho de que el reino sea *de Dios* y que no puede ser identificado con ningún proyecto político humano, no quiere decir que no tenga nada que ver con la humanidad y con la sociedad como un todo. En este sentido, Pannenberg critica a las iglesias que están tan abocadas a cuestiones «espirituales» que se mantienen alejadas de los problemas sociales. Se convierten así «en verdaderos bastiones de la defensa de lo establecido».[234] En ese contexto, admite que la crítica marxista de la religión es acertada. Porque, cuando la Iglesia predica una salvación extramundana se convierte también en un factor de dominación y no de servicio a la sociedad. La Iglesia es una institución particular dentro de la sociedad y tiene dos funciones importantes en el ámbito político. Una, es la de impedir que el aparato político se torne en absoluto. La tarea de la Iglesia allí es la de «desmitologizar, también expresamente, los mitos políticos del tiempo en que vive y desembriagar a los que están ebrios por la posesión del poder».[235] Esta sería una labor teóricamente «negativa». La positiva consiste en estimular la fantasía y la imaginación que estén «al servicio de la acción social inspirando visiones de una sociedad más humana».[236] En otro texto, donde Pannenberg se refiere a «fe cristiana y sociedad», comenta otra

---

[233] *Ibid.*, p. 56. Cursivas originales.
[234] *Ibid.*, p. 58.
[235] *Ibid.*, pp. 59-60.
[236] *Ibid.*, p. 60.

vez al marxismo. Parte de la afirmación de Jesús, muchas veces mal entendida: «Mi reino no es de este mundo» (Jn. 19.36). Pannenberg puntualiza que ese reino no está en el mundo, sino que, simplemente, su reino no es *de* este mundo. El reino de Dios anunciado por los profetas, dice Pannenberg, es político en su contenido. Pero la Iglesia o el cristianismo, nunca pudo configurar el reino de Dios en el ordenamiento político. Y entonces, dice Pannenberg, hay una coincidencia y una divergencia entre la fe cristiana y el marxismo:

> En este punto, la conciencia cristiana de la fe concuerda, sorprendentemente, con el juicio de Marx de que la persona concibe una realización religiosa en su destino porque su ser humano no tiene ninguna realización terrenal y política definitiva. Pero el cristianismo y el marxismo se separan entre sí ya que el cristiano es incapaz de pensar que la realización definitiva de la humanidad pueda convertirse en realidad mediante la mutación o cambio de las estructuras sociales existentes.[237]

En ese contexto, admite que la crítica marxista de la religión es acertada. Porque, cuando la Iglesia predica una salvación extramundana se convierte también en un factor de dominación y no de servicio a la sociedad. Por eso es que insta a que la iglesia fomente la fantasía y la imaginación «al servicio de la acción social inspirando visiones de una sociedad más humana».[238]

Volviendo a la crítica que Pannenberg hace a la Iglesia, por su tendencia a espiritualizar su misión en el mundo, desconocimiento la problemática social, se dedica luego a cuestionar su tendencia pietista y la reducción que hace de la acción del Espíritu en el mundo. Señala que hay que oponerse a esa tendencia y al énfasis subjetivista de la experiencia religiosa. Según esa tendencia, desde el Espíritu Santo provendría un conocimiento sobrenatural que no tendría nada que ver con el entendimiento humano y la necesidad de pensar la fe. En esa visión:

---

[237] Wolhart Pannenberg, «Fe cristiana y sociedad» en *Ética y eclesiología,* trad. Víctor A. Martínez de Lapera, Salamanca: Sígueme, 1985, pp. 46-47.
[238] *Teología y reino de Dios*, p. 60.

El Espíritu Santo parece, entonces, ocupar el lugar de un tapagujeros de la debilidad de los argumentos humanos. Pero es un abuso del nombre del Espíritu Santo apelar a él para justificar la renuncia a la razón o para ocultar la irracionalidad de un subjetivismo religioso. La acción del Espíritu Santo no se limita a la interioridad de la experiencia religiosa. El Espíritu Santo es el mismo Dios todopoderoso y su aliento sopla a través de toda la creación.[239]

Esto anticipa de algún modo lo que trataremos más adelante: la importancia que otorga Pannenberg al Espíritu Santo en su teología y, particularmente, en su escatología. Lo que quiere señalar aquí, es la tendencia a reducir la acción del Espíritu Santo solo a la experiencia subjetiva desconociendo su acción en la creación de Dios.

HERMENÉUTICA ESCATOLÓGICA DE LA RESURRECCIÓN

La afirmación de la resurrección histórica de Jesús es para Pannenberg un tema no negociable. Ya en su comentario al credo apostólico, afirma: «En la resurrección de Jesús se trata históricamente de un suceso, del cual ha partido la historia del cristianismo».[240] Sin la resurrección, la muerte de Jesús no tendría el poder salvífico que tiene y su misión habría terminado en un fracaso. Tan importante es afirmar la resurrección de Jesús que ella es «el fundamento que sostiene a la fe cristiana. Si se desmorona, cae por tierra todo lo que confiesa la fe cristiana».[241] Se plantea la pregunta: ¿Qué significa concretamente que Jesús haya resucitado de entre los muertos? Descarta que se trate de un mero volver a la vida. En realidad, es una transformación en una vida nueva y un cuerpo distinto al meramente carnal. Es, como dice Pablo en una cierta contradicción de términos, un «cuerpo espiritual» (1 Co. 15.43). En su *Systematic Theology* volumen 2, en la sección consagrada a la cristología, argumenta de modo más

---

[239] *Ibid.*, p. 62.
[240] Wolfhart Pannenberg, *La fe de los apóstoles,* trad. Luis de Horna, Salamanca: Sígueme, 1975, p. 117.
[241] *Ibid.*, p. 118.

extenso la importancia de la resurrección de Jesús que es, según entiende, la justificación de Jesús por parte del Padre. «El evento pascual significa directamente que Dios mismo justificó a Jesús condenado y ejecutado, a saber, por el Espíritu, por cuyo poder él fue resucitado de entre los muertos (1 Tim. 3.16; cf. Rom. 1.4; 4.25)».[242] En nota al pie, aclara que evento y significado deben ir juntos. El significado está siempre íntimamente vinculado al evento y, por caso, la tumba vacía es ambivalente si se la toma aisladamente (cf. Jn. 20.13ss y Mat. 28.19). «Sólo cuando el evento es identificado como la resurrección de Jesús ya no hay más ambigüedad».[243] La vida de la resurrección no puede tomarse como una mera metáfora. Por el contrario: «La nueva vida escatológica (2 Co. 4.10; 5.3; Ro. 5.10), vida eterna (Gál. 6.8; Ro. 2.7; 5.21; 6.2 ss.) es vida en sentido pleno (cf. Jn. 1.4; 5.26; 14.6, etc. con 3.15, 36; 4.13, etc.; 6.53ss) en comparación con la vida terrena puede ser llamada vida solo con algunas reservas».[244] Si la vida de Jesús resucitado es una vida escatológica, allí ya podemos percibir la conexión entre resurrección y escatología. Esa esperanza escatológica de la resurrección de los muertos tiene sus raíces en las expectativas del judaísmo, pero ellas no contemplaban la posibilidad de la resurrección de un individuo en el presente siglo o edad (*aion*). Es aquí donde Pannenberg se planta con firmeza para reafirmar su fe en la resurrección física e histórica de Jesús. En dos notas al pie[245] critica la perspectiva de Moltmann que si bien no niega el «levantamiento» de Jesús, su formulación parece sugerir otras ideas. Para Pannenberg, aunque la referencia a la realidad escatológica de la resurrección no afecta la afirmación de su facticidad en la historia. Moltmann, comenta Pannenberg, parece olvidar ese punto. En esta cuestión, nos parece iluminador lo que comenta Andrés Torres Queiruga. El teólogo gallego argumenta que las palabras alemanas *historisch* y *geschichtich* no son claras en cuanto al tema de la historicidad del evento. Pero no se puede eludir la pregunta por su *realidad en la historia*. Y concluye: «De aquí se entiende muy bien la reacción

---

[242] Wolfhart Pannenberg, *Systematic Theology*, vol. 2, p. 344.
[243] *Ibid.*, nota 57.
[244] *Ibid.*, p. 347.
[245] *Ibid.*, p. 350 nota 72 y p. 361 nota 114.

de Wolfhart Pannenberg, con su insistencia —mucho más crítica y matizada de lo que ordinariamente se dice— en la comprobación histórica. Podrán ser discutibles los detalles, no el propósito».[246] Por su parte Grenz, además de subrayar que el tema de la resurrección de Jesús es el que más atiende Pannenberg, su énfasis está en su historicidad y su vinculación con la escatología. Interpretando a Pannenberg, define: «Su resurrección es la prolepsis de la resurrección general y escatológica, y permanece incompleta hasta el *eschaton*. [...] El Espíritu es el agente activo en el proceso de reconciliación que encontrará su clímax en el *eschaton*».[247] Esto nos conecta de forma directa al tema de la pneumatología, que es central en la teología pannenbergiana.

HERMENÉUTICA ESCATOLÓGICA DEL ESPÍRITU[248]

Pannenberg se refiere a la relación entre la escatología individual y universal, y la obra del Espíritu en la consumación de la creación. Es aquí donde nos parece que Pannenberg desarrolla una mayor creatividad, especialmente por el énfasis pneumatológico en la escatología. Destaca la superioridad de la escatología bíblica con formas secularizadas de esperanza en la consumación de la sociedad, especialmente el marxismo, para el cual «desde la creación de un orden verdaderamente justo de vida social por alguna futura generación podemos esperar el cumplimiento del destino social de la humanidad [...]»[249]. La pregunta válida que hace Pannenberg es: ¿cómo los individuos de generaciones anteriores, quienes todavía son miembros de la raza humana, podrán compartir este futuro cumplimiento de su destino? «La esperanza escatológica de la Biblia, confía en la justicia y la

---

[246] Andrés Torres Queiruga, *Repensar la cristología*, 2da. Edición, Estella (Navarra): Verbo Divino, 1996, p.165. Agradezco a su autor, el obsequio de esta obra en mi recordada visita a su estudio en Santiago de Compostela en mayo de 2000. En nota al pie, Torres Queiruga remite a otra obra clave de Pannenberg sobre el tema: *Fundamentos de cristología*, Salamanca: Sígueme, 1974, pp. 110-135.

[247] Stanley Grenz, *Op. Cit.*, p. 191. Cursivas originales.

[248] En este acápite, tomamos en cuenta segmentos de un trabajo anterior titulado: «La epistemología escatológica de Wolfhart Pannenberg», Revista *Teología y cultura*, año I, vol. 2, diciembre 2004, pp. 4 y 5, modificado y ampliado.

[249] Wolfhart Pannenberg, *Systematic Theology*, vol. 3, p. 549.

fidelidad de Dios y está orientada hacia el fin futuro de sus caminos con su creación y con su pueblo».[250] Es importante destacar un hecho: esta crítica de Pannenberg al marxismo no es resultado del colapso del socialismo real de Europa del Este. Sólo una lectura superficial de sus obras podría conducir a esa conclusión. Es cierto que el volumen 3 de su *Systematic Theology* que estamos considerando fue publicado originalmente en alemán en 1993, pero ya en otras obras pioneras de su pensamiento, como Teol*ogía y Reino de Dios*, nuestro autor ya enunciaba esas críticas. Escribía Pannenberg:

> El error de los marxistas no radica en sus análisis de la función social de las iglesias o de otras comunidades religiosas. El error de los marxistas se encuentra, más bien, en la ilusión de que la sociedad verdaderamente humana pueda ser realizada definitivamente por los hombres y, ciertamente en un proceso histórico relativamente corto.[251]

No nos parece que es un tema menor destacar que estas críticas datan de comienzos de los años 70, es decir, en pleno auge del marxismo a nivel mundial y no son un simple aprovechamiento coyuntural del colapso experimentado por esa ideología e interpretación socio-económica.[252]

Los últimos tramos de esta primera sección de la escatología pannenbergiana los ocupa el Espíritu Santo. A partir de una reflexión sobre Romanos 8, Pannenberg sostiene que es a partir del Espíritu de Dios que el mundo cristiano espera el cumplimiento escatológico de los creyentes, que consistirá en el cambio de nuestra vida mortal para un nueva vida de la resurrección de los muertos (Ro. 8.11); y la espera por parte de la creación de la manifestación de los hijos de Dios (v. 19) sugiere que su propia corruptibilidad será conquistada por el poder de la vida creadora del Espíritu como el mundo es transformado en una

---

[250] *Ibid.*, p. 550.
[251] Wolfhart Pannenberg, *Teología y reino de Dios,* p. 55.
[252] El original alemán de esa obra se titula: *Theologie und Reich Gottes,* y data de 1971.

nueva creación de los cielos nuevos y la tierra nueva, tal como la primera creación fue creada por el poder del Espíritu (Gn. 1.2).[253]

Esta vinculación entre pneumatología y escatología es un énfasis que consideramos de gran importancia y pocas veces subrayado. Pannenberg explica esa relación, destacando que la consumación escatológica «es adscripta al Espíritu, quien como un don del tiempo final ya gobierna el presente histórico de los creyentes».[254] Este enfoque tiene relación con el paradigma que Pannenberg ha aplicado a todo su sistema teológico, es decir, así como la resurrección es un evento proléptico que anticipa el futuro del mundo en el propósito de Dios, también la consumación escatológica debe entenderse como «una manifestación proléptica del Espíritu quien en el futuro escatológico transformará a los creyentes y con ellos a toda la creación, para la participación de la gloria de Dios».[255] Es oportuno apuntar aquí, que esta referencia a la prolepsis, que significa «anticipación» ya fue tema abordado por Karl Barth y de quien lo tomaría en préstamo el propio Pannenberg. En efecto, como indica Moltmann en su ensayo «Orientaciones en la escatología», para Barth, lo en Cristo es ya presencia salvífica concretada, sin embargo, está oculta y es una anticipación de la parusía. «Su resurrección también es la *anticipación* de su parusía, así como su *parusía* (es) la *realización* y el cumplimiento de su resurrección».[256]

Pannenberg llega a la conclusión que la pneumatología y la escatología ser pertenecen entre sí, porque el Espíritu es el don del tiempo final que ya gobierna en la historia presente de los cristianos. Por lo tanto, la escatología apunta a un futuro. De ese modo y, como conclusión:

> Nosotros visualizamos la presencia del futuro escatológico por el Espíritu como un elemento interno de la consumación escatológica en sí misma, es decir, como una proléptica manifestación del Espíritu quien en el futuro escatológico

---

[253] *Systematic Theology*, vol. 3, p. 551.
[254] *Ibid.*, p. 553.
[255] *Ibid.*
[256] Karl Barth, *Kirchliche Dogmatik* III.2, p. 588, citado por Jürgen Moltmann, «Orientaciones en la escatología» en *El futuro de la creación,* pp. 39-40.

transformará a los creyentes y con ellos a toda la creación, para la participación de su gloria.[257]

HERMENÉUTICA ESCATOLÓGICA Y ÉTICA

Otro aspecto en el que también Pannenberg muestra su creatividad es el de relación entre escatología y ética. El tema es analizado con profundidad por otro de sus discípulos: Carl Braaten. En su libro *Escatología y ética,* el teólogo luterano desarrolla el tema de la vinculación entre ambas temáticas teológicas siguiendo las líneas trazadas por Pannenberg. Afirma: «Quien más ha logrado relacionar la ética con lo escatológico es Wolfhart Pannenberg. La denominamos ética escatológica, ética del reino de Dios o ética proléptica. [la ética cristiana debe empezar con el impulso escatológico de la ética de Jesús]».[258] Vamos entonces a ese núcleo a partir de los textos del propio Pannenberg. En el capítulo titulado «El problema de una fundamentación ética y el reino de Dios»[259] Pannenberg desarrolla esa vinculación entre ética y reino de Dios comenzando con la constatación de que el siglo XX experimentó una profunda crisis en la conciencia ética, sobre todo a partir del desmantelamiento de los valores cristianos encarado por Nietzsche. Es por eso que la situación implica el sin sentido de fundamentar una ética en ciertos imperativos. Hablar de esto último es pensar, indiscutiblemente, en la deontología de Kant que fundamenta la ética en una acción que esté de acuerdo con la razón y como obediencia a un imperativo categórico válido para todos en todo lugar y situación. Presenta los dramáticos ejemplos de Eichmann y Stalin. El primero, en su juicio en Jerusalén, aseguró que él había actuado según ese imperativo categórico kantiano.[260] Los stalinistas, por su parte, argumentaron en el mismo sentido ya que justificación la persecución y muerte contra un enemigo clasista. Claramente, la ética kantiana del deber no condujo a

---

[257] *Systematic Theology,* vol. 3, p. 553.
[258] Carl E. Braaten, *Escatología y ética,* trad. Luis Farré, Buenos Aires: La Aurora, 1977, p. 118.
[259] Wolfhart Pannenberg, *Teología y reino de Dios,* pp. 85-106.
[260] Véase el insuperable ensayo de Hannah Arendt, *Eichmann y el holocausto,* trad. Carlos Rivalta, Buenos Aires: Taurus, 2012.

ideales humanistas como se esperaba. También los filósofos Max Scheler y Nicolai Hartmann intentaron construir una ética basada en categorías axiológicas. Pero los valores, argumenta Pannenberg, deben ser independientes de la subjetividad del individuo y ese es el talón de Aquiles de la ética de los valores. Por lo tanto, enuncia:

> Los valores éticos tienen que ver con lo que puede ser realizado por la acción humana. Una fundamentación ontológica de los valores éticos, en el sentido de esas reflexiones, tendría, por tanto, que ver si y qué normas de acción pueden fundamentarse a partir de las estructuras generales del comportamiento humano.[261]

Luego de comentar las éticas griegas de Sócrates y Aristóteles, como también la visión de San Agustín, para el cual había que vincular el concepto de bien con la idea de Dios, Pannenberg plantea en qué consiste la fundamentación de la ética a partir del reino de Dios. Afirma que «Dios es pensado estrictamente como bien supremo, sólo si es pensado en su referencia al mundo y a la humanidad y, ciertamente, en referencia concreta que significa su autocomunicación y su reinado sobre el mundo».[262]

El Dios que proclama el cristianismo es un Dios abstracto, una mera idea «sino un Dios en el venir de su reinado sobre el mundo, [que] se ha mostrado como el bien supremo».[263] Participar del reino de Dios supera el individualismo propio de muchas de las éticas formuladas por la filosofía a través de la historia. La voluntad de Dios de buscar el bien de la humanidad es abarcante y amorosa. El amor a Dios no puede alcanzar la realidad de Dios en aislamiento sino, siempre, en relación al prójimo, por lo tanto, lo vertical y lo horizontal en el amor: a Dios y al prójimo, deben darse juntos. Pero, observa: «Casi nunca se vio claramente que el amor al prójimo es participación en el amor de Dios al mundo y a los hombres, participación, por consiguiente, en la venida del reino de Dios».[264] En tal sentido, Pannenberg reconoce que

---

[261] *Teología y reino de Dios*, pp. 88-89.
[262] *Ibid.*, p. 96.
[263] *Ibid.*, p. 97.
[264] *Ibid.*

Schleiermacher representa, en el protestantismo, la búsqueda de una ética enfocada en el mundo. Pero el teólogo romántico—padre del liberalismo, de la hermenéutica moderna y de la teología práctica—si bien toma en cuenta al reino de Dios y la sociedad, su proyecto desconoce la provisionalidad de las realizaciones éticas. Algo parecido se ve en el optimismo evolucionario de la teología liberal que fuera definida por Helmut Richard Niebuhr «con la famosa frase irónica: "un Dios sin cólera conducía a hombres sin pecado hacia un reino sin juicio por la mediación de un Cristo sin cruz"».[265] Pero más allá de la justificada crítica, Pannenberg dice que ella no debe conducirnos a olvidar la relevancia que la ética tiene para el reino de Dios y de cara a la sociedad. Pero el reino de Dios, aclara, no es un programa concreto para aplicar ni puede estimular proyectos programáticos. En lugar de ello, lo que ofrece el reino de Dios son «ciertos criterios, que posibilitan una orientación ética de la acción humana para diversas situaciones imaginables».[266] El énfasis del mensaje de Jesús sobre el reino de es la revelación del amor de Dios y por ese amor, se puede pensar en la creación de una nueva comunidad que se vincule con Dios. Como Dios es el Dios único, su amor no es exclusivo para algunos, sino que se ofrece a toda la humanidad. «Una acción que procede del espíritu del reino de Dios es una acción que acontece a partir del espíritu del amor creador y, en este sentido, actúa integradoramente».[267] Es un amor integrador porque se dirige a la totalidad de la persona humana, en todas sus dimensiones, tanto corporal como espiritual. Sin embargo, una mirada a la historia nos muestra que la libertad y la igualdad no se han patentizado o realizado. Y aclara: «Cuando la libertad e igualdad se convierten en fundamento de la vida política, el individuo es el fin del estado y no al revés».[268] Para Pannenberg, la soberanía del pueblo se convierte fácilmente en

---

[265] *Ibid.*, p. 99. La cita de Helmut Richard Niebuhr es tomada de su obra *The Kingdom of God in America,* cuyo texto original es: «A God without wrath brought men without sin into a kingdom without judgment throught the ministrations of a Christ without a cross». H. Richard Niebuhr, *The Kingdom of God in America,* Hamden, Connecticut, The Sooe String Press, 1956, p. 193.

[266] *Teología y reino de Dios,* p. 101.

[267] *Ibid.*, p. 102.

[268] *Ibid.*, p. 104.

una ideología, en el sentido peyorativo del término, porque la idea de autogobierno o de la soberanía del pueblo es una ficción ya que la totalidad de los individuos no gobierna en ninguna parte. Admite que la tensión entre soberanía del pueblo y reino de Dios fracasó en la antigua democracia y las rivalidades de los gobernantes y de los grupos solo condujeron al descuido del bien común. De allí y, a modo de conclusión y nexo con otro tema, dice Pannenberg:

> Como conclusión, debemos todavía explicar en qué consiste el bien común. El reino del Dios del amor creador implica no sólo libertad e igualdad del individuo, sino también paz y justicia, tanto dentro de una sociedad particular como en relación a la totalidad de la humanidad […] Es significativo que paz y justicia sean los bienes salvíficos, que ocupan el primer plano en la esperanza veterotestamentaria en el reinado de Dios.[269]

Esto nos conduce a indagar un poco más en lo que entiende Pannenberg por paz y justicia. En otro ensayo titulado: «La paz de Dios y la paz del mundo»[270]—escrito en el contexto posterior a la guerra de Vietnam y la guerra fría—reflexiona sobre la importancia de distinguir la paz humana de la paz de Dios y su importancia, no solo para la vida del individuo sino también sus alcances políticos. La paz de Dios no es idéntica con la paz del mundo. La paz de Dios es un signo de la salvación y no puede ser producida por nosotros. Si bien el Nuevo Testamento ofrece la paz a las comunidades cristianas. La paz que ofrece Jesús y que él logró en la cruz si bien es una experiencia de los cristianos eso no quiere decir que no tenga dimensiones políticas. Pero la paz no es un valor que se puede establecer sin la justicia. «En las grandes promesas proféticas del antiguo testamento en las que se habla de la salvación escatológica, se trata siempre de la paz de los pueblos».[271] La paz universal abarca la creación y es inseparable de la justicia. Alcanzar la paz con Dios implica la dimensión política. «La soberanía de Dios, que hace que la vida de la persona

---

[269] *Ibid.*, p. 105.
[270] Wolfhart Pannenberg, «La paz de Dios y la paz del mundo» en *Ética y eclesiología*, pp. 73-92.
[271] *Ibid.*, p. 74.

se convierte en salvación, incluye también la paz política».[272] La famosa *pax romana* no fue precisamente un modelo acorde con la paz del reino de Dios y el cumplimiento de las promesas veterotestamentarias. En tal sentido, agregamos, cuando Jesús dice: «La paz les dejo, mi paz les doy. Yo no se la doy a ustedes como la da el mundo». (Jn. 14.27). Ese mundo, ese *cosmos*, es indudablemente el Imperio Romano que imponía su paz por la fuerza. La paz en términos cristianos la ha conseguido Jesucristo por medio de la cruz y tiene dimensiones políticas. Esto conduce a Pannenberg a reflexionar sobre la paz mundial. Esa paz está abierta a los seres humanos para que se transformen en artífices de la paz. Jesús dice en el evangelio: «Felices los que trabajan por la paz» (Mt. 5.9 Biblia Latinoamericana). Ahora bien, ¿quiénes son los que trabajan por la paz? ¿A quiénes se dirigió Jesús con su mensaje? Pannenberg es consciente de que originalmente ese mensaje era para los discípulos, pero iba más allá de ellos: «pretendió ser una afirmación de validez universal para todos los que trabajan en favor de la paz».[273] Aquí es donde Pannenberg critica abiertamente a los cristianos que piensan que deben estar alejados de la arena política. En principio rechazan el juego sucio de la política, pero la actividad política es un camino ineludible, aunque implique conflictos. Por otra parte, recuerda que también en el escenario de la historia del cristianismo se han dado las guerras y enfrentamientos por cuestiones de dogmas y doctrinas, que implicaron violencia y hasta muerte. Hoy ya no son pensables las guerras de religión, pero después de la segunda guerra mundial se entró en la denominada guerra fría que se produjo entre los países occidentales «cristianos» en contra del comunismo. Lo que lamenta Pannenberg, es que se mantenga una separación entre religión y política debilitándose la misión cristiana a favor de la paz en el mundo político. En una afirmación muy lograda vuelve a relacionar la paz con la justicia. Escribe: «La paz sin la justicia lleva únicamente a la paz del cementerio de la tiranía».[274] Finaliza con un tono de esperanza e imágenes vívidas: «Está en nuestras manos que la contraimagen bíblica de la paz de Dios, la catarata

---

[272] *Ibid.*
[273] *Ibid.*, p. 77.
[274] *Ibid.*, p. 88.

de la aniquilación apocalíptica, no se produzca convirtiendo a nuestra tierra en un desierto agrietado y sin vida».[275] Y con esta reflexión, llegamos al penúltimo aspecto de la escatología de Pannenberg: el fin de la historia.

HERMENÉUTICA ESCATOLÓGICA Y FIN DE LA HISTORIA

En el parágrafo § 3 del capítulo 15 de su sistemática Pannenberg desarrolla ampliamente el tema del Reino de Dios y el fin del tiempo. Desglosa el contenido en los siguientes acápites: a. El reino de Dios como cumplimiento de la sociedad humana; b. El reino de Dios como el fin de la historia; c. El reino de Dios como la venida de la eternidad en el tiempo y d. El retorno de Cristo. Analicemos estos cuatro subtemas.

a. El reino de Dios como cumplimiento de la sociedad humana

Desde que Dios es el creador del mundo, él debe reinar sobre todas sus criaturas y sobre toda su creación. Su señorío, tal como lo vemos hoy no parece ser una realidad definitiva y constituye entonces un desafío para su carácter de creador. Por eso, la escatología debe plantear el objetivo final que Dios tiene con su mundo. ¿Cómo se debe materializar ese señorío? Pannenberg afirma que el señorío de Dios entre nosotros debe concretarse porque él no es sólo creador de los seres humanos sino también de todas las otras criaturas que serán reunidas con él «no meramente como individuos aislados sino como un pueblo».[276] La plena realización del reinado de Dios se proyecta en el horizonte con la expresión escatológica de «cielos nuevos y tierra nueva». Dice Pannenberg: «Nada menos que un cielo nuevo y una tierra nueva (Ap. 21.1; cf. 20.11 e Is. 65.17) se exigen como prerrequisito para la definitiva realización del reino de Dios».[277] Solamente la ley de Dios perfeccionada por el amor puede

---

[275] *Ibid.*, pp. 92-92.
[276] *Systematic Theology*, vol. 3, p. 582.
[277] *Ibid.*, p. 584.

reconciliar a los individuos entre sí y la sociedad toda con su reino. Y aquí es donde conecta su reflexión con el siempre debatido e insondable tema del tiempo. «En la expectación escatológica cristiana esta reconciliación de los individuos y de la sociedad es la base del concepto del reino de Dios y encuentra particular expresión en la conexión de la consumación del reino de Dios en el tiempo final con la resurrección de los muertos».[278]

b. El reino de Dios como fin de la historia: discusión sobre el tiempo

En esta sección, Pannenberg se concentra en tema del fin del tiempo. En nota al pie, cita a Paul Althaus para quien «el reino no viene con la marcha de la historia sino al fin de la historia».[279] El *eschaton* significa «fin», pero en dos sentidos: fin como final y fin como cumplimiento. Hay que tomar los dos sentidos cuando hablamos de *eschaton*. Y es aquí donde analiza el concepto de tiempo en Kant. Para Kant la idea de un fin «significa la cesación de todo cambio y del tiempo mismo [...] Pero Kant también dice que el pensamiento de una meta final del destino de la humanidad exige la premisa de un fin que es el objetivo final que será alcanzado al fin».[280] El postulado del fin de la historia, interpreta Pannenberg, es un asunto de debate porque, como Kant ha dicho, esa idea restringe los poderes de la imaginación humana. Remite a la obra de Kant *Crítica de la razón pura* donde argumenta que tanto el tiempo como el espacio son percepciones, no se pueden conceptualizar. En ese texto, agregamos, Kant[281] se refiere a tiempo y espacio como intuiciones, afirmando que el tiempo es una serie y todo el tiempo transcurrido es pensado como ya dado. El tiempo y el espacio no son cosas en sí sino formas de nuestra sensibilidad externa. En cuanto al espacio «no hay distinción alguna entre progreso y regreso, porque constituyen un *agregado,*

---

[278] *Ibid.*, p. 585.
[279] *Ibid.*, p. 586, nota 183.
[280] *Ibid.* Allí, en nota 184, Pannenberg remite a la obra de Kant: «The End of All Things», en *Kant on History*, pp. 78-79.
[281] Emmanuel Kant, *Crítica de la razón pura,* 14ta. Edición, trad. Manuel García Morente y Manuel Fernández Núñez, México: Editorial Porrúa, 2008, p. 250.

pero no una *serie*, puesto que sus partes existen todas al mismo tiempo».[282]

Panneberg comenta luego otro texto de Kant, muy afín al tema del fin de la historia. Se trata de *El fin de todas las cosas* donde, dice Pannenberg, el filósofo de Köningsberg trata con nuestro cumplimiento y nuestro destino moral. Conviene que citemos directamente algunos otros conceptos de Kant incluidos en esa breve obra. Los días, dice Kant, son hijos del tiempo porque un día engendra a otro día. Pero el día último del mundo «se puede llamar novísimo. Este día final pertenece aún al tiempo, pues en él sucede todavía algo (que no pertenece a la eternidad, donde nada sucede, pues ello significaría perduración del tiempo), a saber, rendición de cuentas que harán los hombres de su conducta durante toda su vida».[283]

Para Kant, no hay dudas de que ese es «el día del juicio, la sentencia absolutoria o condenatoria del juez del mundo [...] Por eso es el día final, es también, el *día del juicio final*».[284] Y como para mostrar la importancia que Kant le otorga a esa idea del día final y del juicio final, más adelante transcribe un texto del Apocalipsis:

> Dice el Apocalipsis (x, 5.6): «Y el ángel que vi estar sobre la tierra levantó su mano al cielo, y juró por el que vie para siempre jamás, que ha criado el cielo, etc.: *que el tiempo no será más*». [...] ha querido decir que ya no habrá, en adelante, ningún cambio; pues de haber todavía algún cambio en el mundo seguiría existiendo el tiempo, ya que aquel no se puede dar más que en éste, y no es posible pensarlo si no presuponemos el tiempo.[285]

Y, en cuanto a la eternidad, Kant comenta que pensamos en una duración infinita pero no porque poseamos algún concepto determinable de su magnitud. Tal cosa es imposible. Solo se trata de una idea planteada negativamente porque donde no hay tiempo

---

[282] *Ibid.* Cursivas originales.
[283] Emmanuel Kant, «El fin de todas las cosas» (1794) en *Filosofía de la historia*, trad. Eugenio Imaz, México: Fondo de Cultura Económica, 1978, p. 125.
[284] *Ibid.* Cursivas originales.
[285] *Ibid.*, pp. 132-133. Cursivas originales.

tampoco hay fin alguno. Comentando las profundas reflexiones de Kant sobre el tiempo, Pannenberg dice que la idea del fin del tiempo restringe nuestros poderes de la imaginación teórica y lo que Kant trata de decir, según entiende, es lo inconcebible que resulta para nosotros. De esa incursión en territorio kantiano, Pannenberg pasa luego a analizar la perspectiva que sobre el tiempo tuvo Karl Barth. Fueron dos etapas, la primera, con su comentario a Romanos donde escribe:

> Porque el fin anunciado en el Nuevo Testamento no es un evento temporal, un fabulesco «ocaso del mundo»; no tiene relación alguna con catástrofes de naturaleza histórica, telúrica o cósmica, sino que es verdaderamente el *final,* hasta tal punto que los más de mil novecientos años *nada* significan en lo tocante a su proximidad o lejanía; hasta tal punto que Abrahán vio ese día y se regocijó.[286]

Pannenberg critica a Barth porque con su comentario termina por *destemporizar* la expectativa escatológica del cristianismo primitivo, tornando abstracta la futuridad del esperado fin del mundo. Pero ¿quedó Barth con la misma idea a través del tiempo? Como buen teólogo dialéctico y en cambio permanente—en lo que sería una segunda etapa—habría revisado esa perspectiva en su dogmática. Pannenberg[287] estima que en su *Church Dogmatics,* II.1 y II.2, Barth revisa su perspectiva sobre el tiempo final. La eternidad ya no hay que verla en antítesis al tiempo sino pensada como incluyendo al tiempo. «Siguiendo a Boecio define la eternidad como una auténtica duración y por lo tanto como fuente, epítome y base del tiempo».[288] La conclusión del propio Pannenberg es la siguiente: «La importancia del futuro para el tema de la escatología tiene que descansar en lugar de la comprensión de la eternidad en sí misma en su relación con el tiempo».[289]

---

[286] Karl Barth, *Carta a los romanos,* trad. Abelardo Martínez de Lapera, Madrid: Biblioteca de Autores Cristianos, 1998, pp. 573-574 citado por Pannenberg, *Systematic Theology,* vol. 3, p. 594.
[287] *Ibid.*, p. 595.
[288] *Ibid.*
[289] *Ibid.*

c. El reino de Dios como la venida de la eternidad en el tiempo

Pannenberg continúa con su reflexión sobre el tiempo, pero ahora centrada en la eternidad. La relación del futuro reino de Dios al fin de la historia tiene su génesis en la obra de Jesús, la resurrección de los muertos y el retorno glorioso de Jesucristo. La eternidad de Dios no puede ser vivenciada por los seres humanos y aún la comprensión de la misma es limitada. Mientras Dios representa el eterno presente, nosotros somos hijos del tiempo, de un tiempo que se desintegra. Además, vivimos en tiempos múltiples y, por lo tanto, eventos distintos. La superación de esos límites será realidad en el futuro completamiento de nuestras vidas más allá de la muerte. Nuestra identidad estará entonces en armonía con la participación de la vida eterna de Dios. Afirma Pannenberg: «sólo la participación en la eternidad de Dios puede conquistar la desintegración de la vida humana en momentos que son desagarradores por la marcha del tiempo e integrar tales momentos en unidad y totalidad».[290] Una vez más se observa el foco central con el cual Pannenberg encara su teología sistemática: Dios. Por lo tanto, la victoria de la desintegración humana en tiempos y momentos distintos y vidas desagarradas por el paso del tiempo, sólo se podrá superar con la participación de los humanos en la vida misma de Dios que, por esencia, es eterna. Por eso: «El futuro de la consumación es la entrada de la eternidad en el tiempo. Porque tiene el contenido que caracteriza la eternidad, pero se pierde en la desintegración del tiempo, es decir, la totalidad de la vida y por lo tanto también su verdadera y definitiva identidad».[291] Hay que esperar a la manifestación escatológica para que se revele la esencia de la criatura, como Juan dice: «aún no se ha manifestado lo que hemos de ser» (1 Jn. 3.2 RVR1960). Porque hasta ahora, «Sólo en la historia de Jesús de Nazaret estuvo el futuro escatológico y con él, la eternidad de Dios realmente entró en el presente histórico».[292] Y agrega: «el futuro escatológico y el presente mensaje de Jesús van juntos pero

---

[290] *Ibid.*, p. 601.
[291] *Ibid.*, p. 603.
[292] *Ibid.*, p. 604.

sin absorber el futuro en el presente. En lugar de ello, el futuro es que da al presente su significado oculto».²⁹³

Luego, Pannenberg reafirma su fe en la resurrección de los muertos. Es, según interpreta, el «ya pero todavía no» de la salvación. Los creyentes ya hemos sido sepultados con Cristo (Ro. 6.3) y reconciliados por Dios. Pero también ya compartimos el Espíritu de la vida nueva (Ro. 8.11). Por supuesto, surge la misma pregunta y tensión entre el cuerpo terrenal y el cuerpo resucitado que ya hemos visto al abordar el tema de la resurrección de Cristo. Para Pannenberg, la verdad escatológica ya está presente en la realidad actual, en forma escondida. «El presente escondido del escatón es real en la salvación actual solo por la fe, pero la verdad de las cosas será revelada en el futuro, su verdadera esencia vendrá a la luz del escatón [...]».²⁹⁴ Pannenberg dedica un breve espacio al tema de la identidad de los que van a resucitar, en tanto individuos. Es difícil de concebir la identidad de quienes son levantados a una nueva vida en la resurrección de los muertos y su continuidad con la vida terrena. Pero para Dios «todas las cosas han estado siempre presentes y lo que han sido ellas están presentes en la totalidad de sus existencias».²⁹⁵ Y concluye: «El fin del tiempo, semejante a la muerte del individuo, debe ser visto como el evento de la disolución del tiempo en la eternidad».²⁹⁶ De ese modo, mientras Pannenberg ha planteado que el reino de Dios es la venida de la eternidad en el tiempo, al final, consciente o no, afirma lo contrario: la disolución del tiempo en la eternidad derivando acaso en un enfoque dialéctico.

d. El retorno de Cristo

La expectativa del venidero señorío de Dios está asociada íntimamente con el regreso de Cristo. Jesús proclamó la inminencia del reino del Padre y ese reino está indisolublemente encontrará su consumación cuando Jesucristo retorne en gloria. La parusía de Cristo está relacionada con las primitivas confesiones de fe, las

---

²⁹³ *Ibid.*
²⁹⁴ *Ibid.*, p. 605.
²⁹⁵ *Ibid.*, p. 606.
²⁹⁶ *Ibid.*, p. 607.

que afirmaban que el Señor crucificado y resucitado es el Mesías profetizado. En pasajes como Mateo 10.32-33 Jesús mismo está hablando sobre el futuro del Hijo del Hombre y su regreso. La realidad del regreso e Cristo es descrita por Pannenberg en términos inequívocos:

> Una comprensión del futuro escatológico como revelación de la gloria divina deriva en que Pablo y 1 Pedro se refieran acerca del futuro de Jesucristo. De acuerdo al testimonio de 1 Pedro, la gloria de Dios está ya impartida a Jesucristo en el evento de su resurrección (1 P. 1.11-21). Los creyentes esperan su participación en su venidera revelación de la gloria de Jesús (5.1ss; cf. 1.7; 4.13). Pablo, también, establece que Cristo conformará nuestros cuerpos al cuerpo de su gloria (Fil. 3.21-21) y así ellos serán coherederos de su gloria (Ro. 8.17-18).[297]

Pero es en ese contexto de su reflexión, donde Pannenberg introduce un aspecto poco mencionado: la participación del Espíritu en la venida gloriosa de Cristo. Dice:

> La venida otra vez de Cristo será el completamiento de la obra del Espíritu que comenzó en la encarnación y con la resurrección de Jesús. Desde el punto de vista de la eternidad, tenemos aquí uno y el mismo evento, porque la encarnación ya es el inquebrantable futuro de Dios, la entrada de la eternidad en el tiempo.[298]

Hay, entonces, una íntima conexión entre encarnación, resurrección en Jesucristo, eventos en los cuales el Espíritu Santo que es también denominado «Espíritu de vida» toma protagonismo. También para Pannenberg están relacionadas la venida de Cristo en gloria con la nueva vida de la resurrección de los muertos y con la venida del reino de Dios, ya que la escatología individual como colectiva, también están vinculadas.

Y de allí, pasa Pannenberg a referirse a la corporeidad del Resucitado. Jesucristo experimentó la resurrección de entre los muertos como individuo. Pero esa realidad también tiene un

---

[297] *Ibid.*, p. 626.
[298] *Ibid.*, p. 627.

correlato con la Iglesia como su cuerpo. El teólogo luterano se refiere a la tendencia de algunos teólogos de hablar del «cuerpo místico» de Cristo. Pero, aunque eso es legítimo, cuestiona que ese modo de «espiritualización» de los términos, tienda a negar o eclipsar el hecho concreto del cuerpo de Cristo resucitado como individuo. «Sin embargo debemos decir, por el contrario, que la realidad del Señor resucitado implica más que la existencia de la Iglesia».[299] En otras palabras, ninguna «espiritualización"» de la corporeidad de Cristo resucitado puede hacer justicia a la realidad corpórea del Señor que venció a la muerte y que vendrá en plena gloria. Y con ello, arriba Pannenberg a la conclusión siguiente:

> El regreso de Cristo para juzgar implica, entonces, la totalidad del nexo vital con la liberación del mundo y la reconciliación que procede de su encarnación. En el presente indiviso de la eternidad, todos los sucesos de la creación llegan por este camino a la revelación del amor del Creador y Reconciliador del mundo, quien por el poder del Espíritu puede cambiar la disonancia del juicio en la paz del reino de Dios y muchas voces armoniosas de alabanza a Dios sonarán desde la boca (*mouth*) de la creación renovada.[300]

JUSTIFICACIÓN DE DIOS: TEODICEA TRINITARIA

Las últimas secciones de su teología sistemática las consagra Pannenberg al siempre controvertible tema de la teodicea. Comienza con su reflexión sobre la justificación de Dios mediante el Espíritu. Toda la teología, en tanto doctrina de Dios, se relaciona con la escatología de la acción del trino Dios en la historia. El propósito de Dios es que sus criaturas participen de la relación del Hijo con el Padre y constituyan una comunión de amor. Pero la revelación de Dios es un proceso que tiene etapas como la creación, la reconciliación y la consumación del mundo. «Sólo con eso último, en el futuro escatológico del mundo, ese proceso vendrá a su fin y la definitiva revelación de la gloria de

---

[299] *Ibid.*, p. 629.
[300] *Ibid.*, p. 630.

Dios será demostración de su deidad».[301] Con esa introducción, Pannenberg entra luego al tema del problema de la teodicea y el esfuerzo por resolverla. La historia de las religiones ha mostrado el interés por el tema de la conquista del mal y la perversión. Los griegos, dice Pannenberg, luego de reflexionar sobre el tema lo abandonaron por considerarlo insoluble. Para el judaísmo, el problema de la teodicea implicaba aceptar la inescrutable voluntad de Dios sino también sostenía que tanto el bien como el mal vienen de Dios. Pannenberg cita aquí los textos: Amós 3.6; Isaías 45.7; cf. Job 2.10; Jeremías 45.4-5; Lamentaciones 3.38 y Proverbios 16.4. Una respuesta que se dio en la historia posterior en la apologética es que hay ciertos misterios en el consejo de Dios que no son posibles de comprender. Y allí surge la tesis de Leibniz[302]—a la que solo menciona en su tesis principal: pese al mal que domina en el mundo, este mundo es el mejor de los mundos posibles. A quien dedica más esfuerzo por interpretar es a Hegel y, sobre todo, su *Filosofía de la historia*.[303] Dice que el esfuerzo de Hegel consiste en mostrar que toda la masa de maldad está puesta delante de nosotros en toda la historia del mundo. Pero al final habrá reconciliación y lo negativo será subyugado y vencido. Pero a diferencia de este punto de vista hegeliano, Pannenberg sostiene que la reconciliación en el cristianismo no es con lo negativo, sino que se trata de «nuestra reconciliación con Dios a despecho de las cosas negativas que toman lugar y que nosotros enfrentamos con el mundo que Dios ha creado».[304] Hegel también piensa la reconciliación en términos del espíritu finito que se reconcilia con Dios renunciando a su autonomía. El cumplimiento del cristianismo, para Hegel, es resultado de la encarnación en Cristo Jesús. Según Pannenberg, Hegel no considera a la reconciliación como ya lograda, o sea, no necesita de una futura consumación porque «Hegel creía que había sido lograda por la actualización en la libertad cristiana como resultado

---

[301] *Ibid.*, p. 632.
[302] Godofredo G. Leibnitz, *Teodicea. Ensayos sobre la bondad de Dios, la libertad del hombre y el origen del mal,* trad. Patricio Azcarate, Buenos Aires: Editorial Claridad, 1946.
[303] George W. Friedrich Hegel, *Filosofía de la historia,* 3ra. Edición, trad. Emanuel Suda, Buenos Aires: Editorial Claridad, 2008.
[304] *Sytematic Theology,* vol. 3, p. 635.

de la Reforma».³⁰⁵ En contraste, la escatología cristiana preserva la distinción entre individuo y destino común y se extiende hacia su consumación en el reino futuro. Dice: «Por la glorificación de los individuos, con el Padre y el Hijo, el reino de Dios será realizado y la justificación de Dios de cara a los sufrimientos del mundo no será solamente lograda sino también reconocida».³⁰⁶ La teodicea que diseña Pannenberg se diferencia entonces de la hegeliana, entre otras cosas porque para este último, la reconciliación ya se había logrado en la historia occidental y particularmente por el cristianismo de la Reforma, mientras que para Pannenberg siempre hay un plus que se llama: escatología.

La victoria final sobre la maldad del mundo será de Dios mismo. La resurrección de los muertos será la victoria sobre el pecado y la maldad, victoria sobre la muerte y la corruptibilidad. «Finalmente, la alabanza de Dios ofrecida por la comunidad perfeccionada representará la victoria de toda falsa adoración, de toda idolatría, que tendrá su parte culminante en la adoración del anticristo».³⁰⁷

Finalmente, la revelación del amor de Dios tendrá su culminación en la consumación de la creación. Aquí es donde Pannenberg retoma el tema del planteo clásico de la teodicea: ¿por qué Dios permite el mal? Su primera afirmación es un principio neurálgico que tiene que ver con el propósito final de Dios que no es meramente espiritual sino con toda su creación. Dice:

> El objetivo de los caminos de Dios no está más allá de la creación. Sus actos en la reconciliación y en la consumación

---

³⁰⁵ *Ibid.* Roberto Solarte interpreta que Hegel no trata de dar una justificación racional del mal. «Hegel habla de teodicea empleando un fuerte lenguaje teológico, incluyendo el término mismo de Dios, siempre de manera poco convencional. La teodicea hegeliana tiene un sentido más general, en la medida en que buscar demostrar la presencia del Espíritu en el mundo. Su cometido central no es justificar o explicar el mal, sino demostrar que Dios trabaja en el mundo; esto cambia la interpretación del mal, no justificando que tenía que haber ocurrido algo, sino porque muestra a los individuos que el mal en definitiva es superado por la acción del Espíritu. Es en este sentido que el mal tiene una existencia ideal, finita, pasajera». Roberto Solarte, https://www.academia.edu/8675072/EL_MAL_Y_LATEODICEA_EN_HEGEL, pp. 7-8. Accedido: 25 de abril de 2020.
³⁰⁶ *Ibid.*, p. 636.
³⁰⁷ *Ibid.*, p. 637.

escatológica del mundo están orientados a nada más que el cumplimiento de su propósito con la creación.[308]

La respuesta es que Dios ha creado a seres libres, sobre todo, el ser humano. Esta es la autonomía en la relación de la criatura con su Creador. Explica que, al ordenar su creación para la independencia, Dios tomó el riesgo por sí mismo, el riesgo de la autonomía de sus criaturas que podrían considerarlo a él como inexistente o no esencial. Pero «por su acción reconciliadora Dios afirma su creación y de ese modo y verdaderamente lo hace en un modo que respeta la independencia de sus criaturas».[309] Y, una vez más, Pannenberg reafirma su énfasis trinitario al decir: «la espontaneidad de la glorificación el Padre quien es manifestado en su gloria por el Hijo es el medio en el cual la glorificación de las criaturas tiene lugar por el Espíritu».[310] De inmediato, Pannenberg introduce una reflexión muy profunda sobre el carácter de la criatura y su independencia. Dice que la independencia creatural no es posible sin temporalidad, «pero también la independencia de su activa configuración de la existencia también necesita la diferenciación de los tiempos [...]».[311]

Luego de un breve *excursus* en el que comenta el punto de vista negativo de Karl Barth sobre la teodicea, diciendo que «Dios el Creador no necesita ninguna justificación».[312] Pannenberg llega a la conclusión de su extensa reflexión sobre la escatología afirmando que ella implica la salvación de las criaturas y la manifestación de la gloria de Dios:

---

[308] *Ibid.*, p. 642.
[309] *Ibid.*, p. 643.
[310] *Ibid.*
[311] *Ibid.* Torres Queiruga pondera esta reflexión de Pannenberg porque acentúa la libertad humana «con agudez en un texto un tanto difícil pero admirablemente certero». Andrés Torres Queiruga, *To terror de Isaac ao Abbá de Jesus. Por uma nova imagen de Deus,* trad. José Afonso Beraldini, San Pablo: Paulinas, 2001, p. 241. Ver en esa obra la amplia exposición del autor sobre el tema del mal que intenta explicar acuñando el término *ponerología* (*logos* sobre el mal). *Ibid.* pp. 181-264. El original de esta obra está escrito en idioma gallego bajo el título: *Do terror de Isaac ó Abbá de Xesús.*
[312] Karl Barth, *Church Dogmatics* III.1, p. 266, cit. en *Ibid.*, p. 646.

Aquí está la base eterna de la venida de Dios delante de la inmanencia de la vida divina como trinidad económica y la incorporación de las criaturas, mediadas por y en la unidad de la vida trinitaria. La distinción y la unidad de la trinidad inmanente y económica constituye el latido del corazón del amor divino, que con el simple latido de ese amor engloba a todo el mundo de las criaturas.[313]

En síntesis: Dios se justifica a sí mismo no en la historia humana sino al fin de la misma, en la consumación de su reino. Dios unirá a todas sus criaturas y las incorporará a la vida trinitaria para que disfruten de ese amor que engloba a toda la creación. Es, en otros términos, la participación de la gloria eterna, meta de toda la realidad creada por el Dios uno y trino.

EVALUACIÓN CRÍTICA

La obra de Pannenberg representa un enorme esfuerzo intelectual para reelaborar la teología sistemática tomando los desafíos del pensamiento filosófico del siglo XX. Su proyecto es articular una teología filosófica, es decir, manteniendo un diálogo fluido con todas las corrientes de las más diversas que van, especialmente, del racionalismo, el iluminismo, el idealismo y el existencialismo. Si la teología puede ser elaborada sistemáticamente, ello implica la necesidad de encontrar un núcleo central para su estructuración. Pannenberg no duda de que ese núcleo está en Dios ya que, por definición, la teología es un logos de Dios. Desde ese centro, elabora la escatología vinculándola con la cristología, la ética, la salvación y la trinidad. Todo debe converger en ese centro que es Dios.

Como dice Braaten: «La base ontológica de esta cosmovisión es el concepto de Pannenberg sobre Dios como poder del futuro moviéndose en la historia, fuente de libertad y de novedad».[314]

En lo que se refiere a la escatología cristiana, Pannenberg da evidencia de su gran capacidad crítica, tanto de las escuelas filosóficas como de las teológicas. Por eso abunda en objeciones

---

[313] *Ibid.*, p. 646.
[314] Carl Braaten, *Escatología y ética,* p. 56.

a autores tan importantes como Kant, Hegel, Marx, Heidegger—del campo filosófico—y Schleiermacher, Barth, Tillich y Moltmann, del ámbito teológico.

Pannenberg retoma las líneas trazadas por Weiss en cuanto a recuperar la importancia del reino de Dios como irrupción en la historia y, espacio que es tan importante para él desde el momento que, en el inicio de su proyecto, se trata de una revelación de Dios en la historia. De ese modo, es la historia el escenario del despliegue de su poder redentor en un reino anticipado ya en Jesús de Nazaret pero que tendrá su plenitud al fin de los tiempos.

También la ética cristiana sólo tiene su razón de ser a partir de la escatología. Es el futuro de Dios que da significado al presente. Se trata de una ética escatológica como ética del reino de Dios que irrumpe en la historia mediante Jesús de Nazaret pero que será consumado en su parusía gloriosa y el nuevo mundo de Dios.

Un punto sumamente importante tanto para la cristología como para la escatología es su afirmación rotunda de la historicidad de la resurrección de Jesucristo. Para Pannenberg, los titubeos que él observa en teólogos como el propio Jürgen Moltmann y Rudolf Bultmann deben ser superados afirmando la resurrección física de Jesús de Nazaret, aunque portando un cuerpo distinto al terreno. Esa resurrección es proléptica, en el sentido de que la acción del Espíritu al resucitarlo corresponde al futuro del reino de Dios, es escatológica, pero se hace real en el aquí y ahora de la vida de Jesús. Y de la afirmación de esa corporeidad de Cristo resucitado, deriva también su reflexión sobre los cuerpos de los resucitados, que, por supuesto, serán distintos al actual, y Pablo define en términos algo contradictorios como cuerpo espiritual (*soma pneumatikon*).

En el desarrollo de su teología sistemática, Pannenberg otorgar un lugar preponderante al Espíritu Santo. En efecto, su pneumatología destaca la función del Espíritu Santo en la creación, en la encarnación del Hijo, en su resurrección, en su segunda venida y la justificación de Dios al final de la historia. Esto último implica una superación de las escatologías más clásicas que, al centrarse casi exclusivamente en la parusía de Cristo casi no mencionan la participación del Espíritu en la consumación del reino y la reivindicación de Dios.

Cuando aborda la soteriología, Pannenberg parece rozar cierta forma de universalismo. Esto es admitido por su intérprete Stanley Grenz, sin embargo, aclara que en el capítulo 15 de su sistemática el propósito de Pannenberg: «no es afirmar la salvación de cada persona humana—esto es universalismo—sino una apropiada escatología que debe captar a toda la historia humana».[315]

Pannenberg explica la importancia central del reino de Dios en Jesús al punto de afirmar su carácter eterno y definitivo mientras la iglesia es un fenómeno temporal. En ese contexto, entra en el ámbito de la política ya que la ética de Jesús, bien entendida, no es un recetario de comportamientos individuales en una vida interior y privada. Esto último sucede cuando se interpretan mal las palabras de Jesús: «Mi reino no es de este mundo». No lo es, pero sí está en este mundo y su propósito es transformar a este mundo. Por eso Pannenberg critica a las iglesias encerradas en sus templos que viven una vida «espiritual» pero desentendiéndose de los problemas sociales. Esa es la mejor receta para que se transformen en instituciones conservadoras del *statu quo*. Pannenberg también tiene muy claro la relación entre justicia y paz. Para que esta se materialice en el mundo es requisito practicar la justicia de la que hablaron los profetas y también el propio Jesús.

Un aspecto a señalar en la obra de Pannenberg es su carácter eminentemente europeizante. Esto no debiera sorprender demasiado dado que, en el prólogo de su sistemática, admite que su enfoque es europeo.[316] En un breve paréntesis, cita a América Latina, pero después en todo el recorrido de sus trabajos este casi no hay referencias a la teología latinoamericana, salvo algún comentario tangencial como el que dice que tanto San Pablo como San Juan,

> [...] son partidarios de una teología de la liberación. Pero a ellos no les interesa primordialmente la liberación de un sistema de opresión social, de forma que pudiera desarrollarse plenamente una supuesta libertad natural del hombre, y cualquier individuo

---

[315] Stanley Grenz, *Reason for Hope*, p. 282.
[316] *Systematic Theology*, vol. 1, p. xiii.

pudiera vivir sin restricciones conforme a los deseos de su corazón. No, sino que el corazón humano es considerado en la Biblia como la limitación y obstáculo para la libertad.[317]

Poner al corazón humano como único obstáculo para la libertad es desconocer la tradición judeocristiana que tiene el éxodo de Israel un paradigma ineludible.

Diferente es el caso de uno de sus discípulos, Carl Braaten,[318] que sí toma en cuenta positivamente los aportes de autores latinoamericanos como Gustavo Gutiérrez y su definición de la teología como reflexión crítica sobre la praxis.

Tanto la escatología—tema de nuestro interés—como la trinidad atraviesan toda la teología sistemática de Pannenberg. Como señala Alejandro Mingo, en el pensamiento de Pannenberg la trinidad no queda aislada, sino que ocupa un lugar articulador en su teología. Y agrega, citando al propio teólogo alemán: «la doctrina de la creación, la cristología y la doctrina de la reconciliación, la eclesiología, la escatología, todo forma parte del desarrollo completo de la doctrina de la Trinidad».[319]

La escatología ilumina la creación, la cristología, la soteriología, la Iglesia y la ética. Todos esos temas se interrelacionan entre sí para exaltar al Dios creador y redentor que es uno y trino, actuante en la creación, la encarnación, la vida de Jesús, su resurrección y su venida en gloria. Pannenberg entiende que la ética cristiana es iluminada por el futuro del reino de Dios. En ese sentido, es oportuno tomar en cuenta que las hermenéuticas escatológicas tienen implicaciones éticas. Al respecto, Howard Snyder comenta que «las teorías dispensacionalistas a menudo son enormemente importantes porque la escatología da forma a la ética. Lo que creemos acerca del futuro determina cómo actuamos

---

[317] Wolfhart Pannenberg, *El destino del hombre,* trad. Constantino Ruiz-Garrido, Salamanca: Sígueme, 1981, pp. 18-19. Allí también critica a los movimientos de liberación que engañan a los pueblos prometiéndoles libertad para luego crear una nueva élite política dominante. *Ibid.,* p. 29.

[318] *Op. Cit.,* p. 154.

[319] Wolfhart Pannenberg, *Teología sistemática I*, p. 362, cit. por Alejandro Mingo, «El valor de las diferencias en la unidad. Una aproximación a la comprensión de la trinidad en Wolfhart Pannenberg» en Carlos Schickenndantz (editor), *Culturas, religiones e iglesias. Desafíos de la teología contemporánea,* Córdoba: EDUCC, Editorial de la Universidad Católica de Córdoba, 2004, p. 111.

en el presente».[320] El teólogo metodista aplica ese concepto al cuidado de la creación: «sí creemos que "de todos modos" todo "arderá en el infierno", es menos probable que nos preocupemos por el bienestar de la tierra».[321]

En el final de su extensa exposición sobre la escatología, Pannenberg encara el debatido tema de la teodicea. Toma en cuenta a filósofos que plantearon la justificación de Dios, tales como Leibnitz y Hegel. De este último, dice que su equívoco es que interpretó que la justificación de Dios se había dado en la historia con el cristianismo de la Reforma. Al interpretar el misterio del mal, Pannenberg dice que Dios creó a seres humanos con libertad y autonomía, lo que explicaría su ineludible responsabilidad. La teodicea como justificación de Dios se operará en la escatología y es obra de la trinidad inmanente y económica: Padre, Hijo y Espíritu Santo cuando su amor englobante abrazará a su creación para que participe de la gloria eterna: el *non plus ultra* de la *Heilsgeschichte*.

---

[320] Howard A. Snyder, *Op. Cit.*, p. 234.
[321] *Ibid.*

Conclusión

A lo largo de esta exposición hemos investigado la aplicación de diversas hermenéuticas teológicas a la escatología cristiana. Sin pretender ser exhaustivos, hemos analizado tres escuelas contrastables. En primer lugar, la escuela del conservadurismo teológico de George E. Ladd, pues él mismo distingue las escatologías protestantes de las que denomina «conservadoras». Por alguna razón que todavía no podemos definir bien, esas escatologías toman al milenio como el centro neurálgico de la teología cristiana y, a partir del mismo, se definen como premilenaristas—históricas o dispensacionalistas—, amilenarismo y posmilenarismo. El trabajo de Ladd es importante porque, aunque se sitúa dentro del premilenarismo histórico, el cual pretende renovar y sistematizar, toma en cuenta las otras escuelas milenaristas formulando críticas y generado un diálogo con ellas. Se puede afirmar que la hermenéutica escatológica de Ladd es la clásica histórico-gramatical y, en algunos casos, tiende al literalismo. Enfatiza la exégesis literal del milenio que se presenta en Apocalipsis 20, indicando de qué modo debe interpretarse ese pasaje—único de la Biblia—que se refiere al milenio—*jilía* en griego y *millenium* en latín—. Un punto débil de su acercamiento hermenéutico a ese texto bíblico, radica en su argumento de que una palabra no puede tener más de un significado en un texto bíblico. Hemos demostrado que no es así. Por caso, en Romanos 9.6 Pablo utiliza el nombre propio Israel en dos sentidos contrastantes. Ladd no solo articula su premilenarismo histórico, sino que lo distingue del premilenarismo dispensacional, al cual critica abiertamente por su tendencia judaizante y, sobre todo, por su postulado que afirma la «posposición» del reino de Dios propia del dispensacionalismo clásico. Por el contrario, Ladd afirma de modo contundente la presencia del reino de Dios en el aquí y ahora de la historia a partir de la persona y mensaje de Jesús y su plena vigencia para entender su misión y, por ende, la misión de la Iglesia en el mundo.

Jürgen Moltmann representa una instancia ineludible en la hermenéutica escatológica. Por influencia del filósofo judío alemán Ernst Bloch y su «principio esperanza», Moltmann resitúa la escatología al primer lugar de la teología sistemática porque para él, no es una doctrina de tiempo final sino más bien «doctrina acerca de la esperanza cristiana». La hermenéutica de Moltmann se nutre del mesianismo judaico del siglo XX que, luego de las guerras mundiales se replantea el tema del reino de Dios y el mesianismo en un nuevo escenario histórico. En particular, resultan muy significativas las reflexiones críticas que hace Moltmann a los aportes de filósofos tales como el mencionado Ernst Bloch, Franz Rosenzweig, Gershom Sholem y Jacob Taubes. El primero, con su postulado *Das Prinzip Hoffnung*, influye decisivamente en Moltmann para elaborar su teología de la esperanza, pero su recepción de Bloch solo llega hasta allí porque le formula críticas a su planteo por ser heredero de Feuerbach derivando en una antropología que no reconoce a Dios, sino que lo redefine como «dios esperanza» y no el Dios de la esperanza que, como tal, mantiene su alteridad respecto a lo creado. De Rosenzweig, Moltmann destaca la importancia del concepto de «presente» como puente entre el ayer y el mañana y, también, su redescubrimiento de las fiestas judías, principalmente del shabat del cual se derivan importantes consecuencias para el descanso semanal y el descanso de la tierra explotada sistemáticamente por la cultura occidental de dominio. De Sholem, Moltmann rescata la crítica que formula al cristianismo por su tendencia a una redención en lo invisible y no en el mundo concreto. Con Walter Benjamin, ya entramos en el terreno de una escatología decididamente política pues el pensador joven de la escuela de Frankfort reinterpreta los conceptos mesiánicos del reino en términos políticos llegando a afirmar que el mesianismo se cumplía en la lucha de los obreros por su redención y el anticristo estaba representado en el nazismo. Hemos intentado enriquecer esa perspectiva apelando a la sólida interpretación del sociólogo franco-brasileño Michael Löwy que destaca que, la reflexión sobre el concepto de la historia es donde se muestra el

Conclusión

mayor interés que Benjamin por la teología cristiana. Finalmente, Moltmann toma en cuenta la perspectiva filosófica tanto de Jacob Taubes como de Karl Löwith. Del primero subraya el aporte al tema de la escatología occidental que fue, en efecto, su tesis doctoral y de Löwith, asociado tanto a Husserl como a Heidegger, los aportes que ofrece al tema de la influencia del cristianismo en cuanto al sentido de la historia. Lo importante en este recorrido moltmanniano de los autores judíos de posguerra, es percibir la influencia que ejerció la teología en el nuevo planteo que hacen del mesianismo y del reino de Dios, sea por mera coincidencia o por providencia divina.

La escatología de Moltmann se caracteriza también por ser trinitaria, centrada en el reino de Dios, política, cósmica y de la gloria. Es política porque desde su propia nomenclatura «reino» implica una política. Lo es, porque el reino de Dios promueve la justicia no solo con Dios, sino también con el prójimo y con la sociedad tornándose en este último caso en política social. El tema permite a Moltmann formular muchas críticas a desvíos de la noción profética y de Jesús sobre el reino, convirtiéndola en una política de los reinos de este mundo, como lo fueron el Imperio romano y los nuevos imperios dominantes en Occidente, en particular, cuando toman la forma de «nación escogida» o «destino manifiesto» de ejercer dominio sobre todas las naciones del orbe. En ese contexto, nos parecen muy acertadas y valientes sus observaciones no sólo a esos modelos sino también a la justificación de las guerras y la explotación de la tierra y de los seres humanos que la habitan, en un camino que derivará, inevitablemente, en el exterminio de la humanidad y del planeta. En cuanto a su escatología cósmica, resulta agradable su recurso a la teología ecofeminista de Rosemary Radford Reuther. El cosmos entero está en el horizonte del futuro de Dios para su reconciliación con él en cielos nuevos y tierra nueva. Moltmann termina con un apoteósico mensaje al fin de la historia, cuando el tiempo ya no existirá más—como anticipa el Apocalipsis—y la creación entera sea reconciliada con el Dios trino y uno dando lugar a la gloria, el eterno cántico de la creación redimida al Dios creador y redentor. Como buen teólogo reformado termina con la declaración propia de esa tradición: *Soli Deo gloria*.

En resumen, podemos catalogar a la hermenéutica escatológica de Moltmann como una hermenéutica teológica—no tanto bíblica en el sentido de la exégesis—que toma en cuenta el pensamiento judaico, la tradición cristiana y la situación del mundo hoy. Una escatología con un mensaje actual y relevante que entra en diálogo con corrientes como el feminismo y la teología latinoamericana de liberación.

El tercer modelo de hermenéutica escatológica está representado Wolfhart Pannenberg. Su perspectiva se caracteriza en primer lugar por su criticidad. En efecto, ya desde los comienzos de su empresa teológica, Pannenberg otorga a la filosofía un lugar preponderante intentando, incluso, articular una teología filosófica que retoma los desafíos del Iluminismo y el Idealismo. El teólogo luterano critica tanto a las escuelas filosóficas tales como las mencionadas y pensadores como Hegel y Heidegger. En el plano teológico, aunque aprecia los aportes de Schleiermacher, Barth, Bultmann, Tillich y Moltmann, no deja de hacer observaciones muy atinadas a sus planteos. Sobre todo, a Barth por su tendencia a una espiritualización de la escatología con términos como lo «ahistórico» o «sobrehistórico"»; a Bultmann por su énfasis en el existencialismo heredado de Heidegger que no le permite acentuar el carácter histórico de la escatología; a Tillich por lo que considera un deficiente tratamiento del fin de la historia y a Moltmann por sus titubeos a la hora de definirse respecto a la resurrección histórica de Jesús. La trinidad y la escatología atraviesan toda la obra pannenberiana al punto de que la trinidad no sólo está activa en la creación sino también en la redención, en la encarnación, en la resurrección y en la parusía de Jesucristo. Sin desmedro de su énfasis trinitario, también nos parece poner de manifiesto el énfasis de Pannenberg en el Espíritu Santo y su ministerio desde la creación del mundo hasta el final de la historia y la venida de Cristo. Según expone Pannenberg, la escatología ilumina el presente de la Iglesia en el mundo y da sentido a la ética del reino de Dios. Pannenberg no es ajeno al campo sociopolítico del mundo y critica la tendencia de las iglesias por desentenderse de esa problemática terminando así por ser instituciones que se transforman en bastiones del *statu quo*. Pannenberg es muy enfático a no vincular al reino de Dios

Conclusión

con ninguna ideología de factura humana, porque el reino es de Dios y esa pertenencia nunca debe olvidarse o minimizarse. Un tema sumamente importante es el de la teodicea, que Pannenberg recoge obviamente de Hegel para quien Dios era reconciliado en la historia del cristianismo de la Reforma. El teólogo alemán—por el contrario—sostiene que la justificación de Dios es por el Espíritu y se concretará trinitariamente en el reino de Dios consumado, siendo entonces, una teodicea trinitaria. La hermenéutica escatológica de Pannenberg la podemos conceptualizar como una hermenéutica filosófico-teológica—no una hermenéutica bíblica que recurre a la exégesis—ya que su propuesta metodológica es tomar en serio los desafíos de la filosofía de la modernidad, en modo especial, como hemos dicho, del Iluminismo y del Idealismo alemán, junto con los aportes de la teología sistemática europea. Esto último implica también subrayar que, salvo alguna mención tangencial, su escatología no toma en cuenta los aportes de la teología latinoamericana, cosa que sí es perceptible en uno de sus discípulos: Carl Braaten. El final de la escatología de Pannenberg no podría ser más apoteósica y cordial—en el sentido de *cordis* = *corazón*—, ya que afirma en prosa insuperable: «La distinción y la unidad de la trinidad inmanente y económica constituye el latido del corazón del amor divino, que con un simple latido del corazón de ese amor engloba a todo el mundo de las criaturas».[322]

Tanto Ladd como Moltmann y Pannenberg si bien utilizan de diversas hermenéuticas en la construcción de sus propias escatologías, coinciden sin embargo en resaltar la centralidad de la escatología cristiana, redescubierta en el siglo XX, para ubicarla como tema ineludible de la teología, ya que ilumina el futuro de Dios, invitando a la Iglesia al anuncio del reino que será consumado en la parusía de Jesucristo para inaugurar el fin de la historia. Un fin que no es el desenlace terrorífico del mundo sino la penetración de la eternidad de Dios en el tiempo, para dar lugar a la vida eterna que Dios compartirá con toda su creación en la gloria: el *non plus ultra* de la *Heilsgeschichte*. Por eso, una vez más proclamamos: *Soli Deo glori*.

---

[322] *Systematic Theology,* vol. 3, p. 646.

Bibliografía

ADORNO, Theodor W. *Mínima moralia. Reflexiones desde la vida dañada,* 1962.

AGAMBEN, Giorgio. *El Reino y la gloria. Una genealogía teológica de la economía y el gobierno, Homo Sacer II.2,* trad. Favia Costa, Edgardo Castro y Mercedes Ruvituso, Buenos Aires: Adriana Hidalgo editora, 2008.

AGAMBEN, Giorgio. *Estado de excepción. Homo Sacer II, I,* trad. Favia Costa e Ivana Costa, Buenos Aires: Adriana Hidalgo editora, 2004.

AGUILAR, Héctor Orestes Aguilar, ed., *Karl Schmitt, teólogo de la política,* México: Fondo de Cultura Económica, 2001.

ALIAGA GIRBÉS, Emilio. *El Apocalipsis de San Juan. Lectura teológico-litúrgica,* Estella (Navarra), Verbo Divino, 2013.

ALVES, Rubem. *Cristianismo, ¿opio o liberación?,* Salamanca: Sígueme, 1973.

ARENDT, Hannah. *Eichmann y el holocausto,* trad. Carlos Rivalta, Buenos Aires: Taurus, 2012.

ASSMANN, Hugo. *Opresión-liberación, desafío a los cristianos,* Montevideo, 1977.

BARCLAY, William. *Apocalipsis. El Nuevo Testamento comentado por William Barclay,* trad. Marcelo Pérez Rivas, Buenos Aires: La Aurora, 1975.

BARTH, Karl. Barth. *Fides Quaerens Intellectum,* Virginia: John Knox Press, 1960. Versión en portugués: *Fé em busca de compreensão,* San Pablo: Novo Século, 2000.

BARTH, Karl. *Carta a los Romanos,* trad. Abelardo Martínez de la Pera, Madrid: Biblioteca de Autores Cristianos, 1998(Versión en portugués: *Carta aos Romanos,* trad. De la 5ta edición en alemán por Lindolfo K. Anders, San Pablo: Novo Século, 1999).

BARTH, Karl. *The Epistle to the Romans,* trad. E. Hoskyns, Londres: Oxford University Press, 1933.

BAUCKHAM, Richard, editor, *God will be All in All. The Eschatology of Jürgen Moltmann,* Minneapolis: Fortress Press, 2001.

BENJAMIN, Walter. *Conceptos de la filosofía de la historia,* trad. H. A Murena y D. J. Vogelmann, Buenos Aires: Terramar Ediciones, 2007.

BLAISING Craig. A. y Darrell L. Bock, *Progressive Dispensationalism,* Grand Rapids: Baker, 1993.

BLOCH, Ernst. *El principio esperanza,* vol. 3, trad. Felipe González Vicén, Madrid: Editorial Trotta, 2007.

BOETTNER, Loraine. *Immortality,* Philadelphia: The Presbyterian and Reform Publishing Co., 1956.

BOETTNER, Loraine. *The Reformed Doctrine of Predestination,* Grand Rapids: Eerdmans, 1954.

BORGES, Jorge Luis. *Obras completes,* vol. II, 20ª edición, Buenos Aires: Emecé/María Kodama, 1989.

BOYER, Paul S. *When Time shall be no more. Prophecy Belief in Modern American Culture,* Harvard: The Belknap Press, 1992.

BRAATEN, Carl. *Ética y escatología,* trad. Luis Farré, Buenos Aires: La Aurora, 1977.

BULTMANN, Rudolf. *History and Eschatology,* The Giffford Lectures for 1955, Edimburgo 1957.

CAPELLE-DUMONT, Philippe. *Filosofía y teología en el pensamiento de Martin Heidegger,* trad. Pablo Corona, Buenos Aires: Fondo de Cultura Económica, 2012.

CASALE ROLLE, Carlos Ignacio. La filosofía como mediación necesaria para la misión de la Iglesia: Una intuición básica de la teología de Wolfhart Pannenberg. *Teol. vida* [online]. 2007, vol.48, n.4 [citado 2020-04-28], pp.368-369. Disponible en: <https://scielo.conicyt.cl/scielo.php?script=sci_arttext&pid=S0049-34492007000300002&lng=es&nrm=iso>. ISSN 0049-3449. http://dx.doiorg/10.4067/S0049-34492007000300002. Accedido el 28 de abril de 2020.

CLOUSE, Robert G. ed., *The Meaning of the Millenium: Four Views,* Illinois: InterVarsity Presss, 1977. Versión en castellano: *¿Qué es el milenio?* Trad. V. David Secada, El Paso: Casa Bautista de Publicaciones, 1991.

COHN-SHERBOK, Dan. *Introduction to Zionism and Israel. From Ideology to History,* New York: Continuun Publishing, 2012.

Bibliografía

CROATTO, José Severino. *Hermenéutica bíblica,* Buenos Aires: La Aurora, 1984.

CULLMANN, Oscar. *Cristo y el tiempo,* trad. Juan Estruch, Barcelona: Editorial Estela, 1968 (orig. *Christ et le Temps*).

DE CHARDIN, Teilhard. *El fenómeno humano,* trad. M. Crusafont Pairó, Buenos Aires: Yspamérica Ediciones Argentina, 1984.

DODD, C. H. *Las parábolas del Reino,* trad. Alfonso de la Fuente, Madrid: Cristiandad, 1974.

DONAGGIO, Enrico. *Una sobre inquietud. Karl Löwith y la filosofía,* trad. Sergio Sánchez, Buenos Aires: Katz editores, 2006.

DOTTI, Jorge – Julio Pinto (compiladores), *Carl Schmitt. Su época y su pensamiento,* Buenos Aires: Eudeba, 2002.

DRI, Rubén *La fenomenología del espíritu de Hegel. Perspectivas latinoamericanas. Racionalidad, sujeto y poder.* Irradiaciones de la *Fenomenología del espíritu,* Buenos Aires: Editorial Biblos, 2008.

ELLACURÍA, Ignacio. *Conversión de la Iglesia al Reino de Dios,* Santander: Sal Terrae, 1985.

FERNÁNDEZ PRADO, Carlos A. *Karl Schmitt en la teoría política internacional,* Buenos Aires: Editorial Biblos, 2007.

FORSTER, Ricardo y Diego Tatián, *Mesianismo, nihilismo y redención. De Abraham a Spinoza. De Marx a Benjamin,* Buenos Aires: Altamira, 2005.

FOULKES, Ricardo. *El Apocalipsis de San Juan. Una lectura desde América Latina,* Buenos Aires: Nueva Creación, 1989.

FUKUYAMA, Francis. *The End of History and the Last Man,* New York: The Free Press, 1992 (Versión en castellano publicada en Barcelona por Planeta).

FURTER, Pierre. *Dialéctica de la esperanza. Una interpretación del pensamiento utópico de Ernst Bloch,* Buenos Aires: Ediciones La Aurora, 1979.

GOGARTEN, Friedrich. *Destino y esperanzas del mundo moderno,* trad. Carlos de la Sierra, Barcelona-Madrid, Fontanella-Marova, 1971.

GRAU, José. *Escatología. Final de los tiempos,* Barcelona: Clie, 1977.

GUTIÉRREZ, Gustavo. *Teología de la liberación,* 6ta. Edición, Salamanca: Sígueme, 1975.

HABERMAS, Jürgen. *Fragmentos filosófico-teológicos,* trad. Juan Carlos Velasco Arroyo, Madrid: Trotta, 1999.

HEGEL, G. W. F. *Fenomenología del espíritu,* trad. Wencesalao Roces y Ricardo Guerra, México: Fondo de Cultura Económica, 1973.

HEGEL, G. W. F. *Filosofía de la historia,* 3ra. Edición, trad. Emanuel Suda, Buenos Aires: Claridad, 2008.

HEGEL, George W. Friedrich. *Filosofía de la historia,* 3ra. Edición, trad. Emanuel Suda, Buenos Aires: Editorial Claridad, 2008.

HEIDEGGER, Martín. *Introducción a la fenomenología de la religión,* trad. Jorge Uscateucu, México: Fondo de Cultura Económica, 2006.

HEIDEGGER, Martín. *Estudios sobre mística medieval,* trad. Jacobo Muñoz, México: Fondo de Cultura Económica, 1997. Se trata de estudios sobre la obra y pensamiento de San Agustín.

HEIDEGGER, Martín. *Ser y Tiempo,* 5ta. Edición, trad. Jorge Eduardo Rivera, Santiago de Chile: Editorial Universitaria, 2015.

HENDRIKSEN, William. *La Biblia sobre la vida venidera,* trad. Jerónimo Orellana, Grand Rapis: TELL, 1970 (Hay nueva versión publicada por Libros Desafío, de Grand Rapids).

HEPPE H. and E. Bizer, *Die Dogmatik der evangelisch-reformierten Kirche, Locus* XXVIII: *De Glorificatione,* 2da. Ed., Neukierchen 1958.

HOEKEMA, Antonio. *La Biblia y el futuro,* trad. Norberto E. Wolf, Grand Rapids: Subcomisión de Literatura, 1984.

HORKHEIMER, Max. *Anhelo de justicia. Teoría crítica y religión,* trad. Juan José Sánchez, Madrid: Trotta, 2000.

HUGHES, Richard T. *Mitos de los Estados Unidos de América,* trad. José María Blanch, Grand Rapids: Libros Desafío, 2005.

KANT, Emmanuel. «El fin de todas las cosas» (1794) en *Filosofía de la historia,* trad. Eugenio Imaz, México: Fondo de Cultura Económica, 1978.

KANT, Emmanuel. *Crítica de la razón pura,* 14ta. Edición, trad. Manuel García Morente y Manuel Fernández Núñez, México: Editorial Porrúa, 2008.

KÄSEMANN, Ernst. *Ensayos exegéticos,* trad. Ramón Fernández, Salamanca: Sígueme, 1978.

Bibliografía

KIERKEGAARD, Sören. *El concepto de la angustia,* 3ra. Edición, Buenos Aires: Espasa-Calpe, 1946.

KOJEVE, Alexander. *La concepción de la antropología y del ateísmo en Hegel,* trad. Juan José Sebreli, Buenos Aires: Editorial Leviatán, 2007.

KÜNG, Hans. *The Incarnation of God: an introduction to Hegel's theological thought,* trad. J. R, Stephenson, Edimburgo, 1987. (Versión en castellano: *La encarnación de Dios. Introducción al pensamiento de Hegel como prolegómenos para una cristología futura,* trad. Rufino Jimeno, Barcelona: Herder, 1974).

LACUNZA Y DÍAZ, Manuel de [pseudo J. J. Ben-Ezra], *La Venida del Mesías en gloria y majestad* (1790).

LADD, George E. *Crucial Questions about the Kingdom of God,* Grand Rapids: Eerdmans, 1952.

LADD, George E. *El Apocalipsis de Juan: Un comentario,* trad. Arnoldo Canclini, Miami: Editorial Caribe, 1978.

LADD, George E. *El Evangelio del Reino,* trad. George A. Lockward, Miami: Caribe, 1974 (original: *The Gospel of the Kingdom,* The Pasternoster Press, 1959, reimpresión, Grand Rapids: Eerdmans, 2000).

LADD, George E. *The Presence of the Future,* Grand Rapids: Eerdmans, 1962.

LEIBNITZ, Godofredo. *Teodicea. Ensayos sobre la bondad de Dios, la libertad del hombre y el origen del mal,* trad. Patricio Azcarate, Buenos Aires: Editorial Claridad, 1946.

LEVINAS, Emmanuel. *Totalidad e infinito,* trad. Daniel E. Guillot, Madrid: Editora Nacional, 2002.

LÖWITH, Karl. *De Hegel a Nietzsche. La quiebra revolucionaria del pensamiento en el siglo XIX,* trad. Emilio Estiú, Buenos Aires: Katz editores, 2008.

LÖWITH, Karl. *Heidegger, pensador de un tiempo indigente. Sobre la posición de la filosofía en el siglo XX,* trad. Román Settón, Buenos Aires: Fondo de Cultura Económica, 2006.

LÖWITH, Karl. *Historia del mundo y salvación. Los presupuestos teológicos de la filosofía de la historia,* trad. Norberto Espinosa, Buenos Aires: Katz editores, 2007.

LÖWITH, Karl. *Max Weber y Karl Marx,* trad. Cecilia de Esteban Vernik, Barcelona: Gedisa, 2007.

LÖWITH, Karl. *Von Hegel zu Nietzsche. Der revolutionäre Bruch im Denken des neunzehnten Jahrhunderets,* 4ta. Edición, Stuttgart, 1958.

LÖWY, Michael. *Walter Benjamin: aviso de incendio. Una lectura de las tesis «Sobre el concepto de historia»,* Buenos Aires: Fondo de Cultura Económica, 2001.

LÖWY, Michael. *Redención y utopía. El judaísmo libertario en Europa Central. Un estudio de afinidad electiva,* trad. Horacio Tarcus, Buenos Aires: El Cielo por Asalto, 1997.

MARECHAL, Leopoldo. *El banquete de Severo Arcángelo,* Buenos Aires: Editorial Planeta, 1994.

MARION, Jean-Luc. *El ídolo y la distancia,* trad. Sebastián M. Pascual y Nadie Latrille, Salamanca: Sígueme, 1999.

MARRAMAO, Giacomo. *Kairós. Apología del tiempo oportuno,* trad. Helena Aguilá, Barcelona: Gedisa, 2008.

MATEOS Juan y Juan Barreto, *El Evangelio de Juan,* Madrid: Cristiandad, 1982.

McFAGUE, Sallie. *Methaphorical Theology. Models of God in Religious Language,* Filadelfia: Forstress Press, 1982.

McFAGUE, Sallie. *Modelos de Dios. Teología para una era ecológica y nuclear,* trad. Agustín López y María Tabuyo, Santander: Sal Terrae, 1994.

MINGO, Alejandro. «El valor de las diferencias en la unidad. Una aproximación a la comprensión de la trinidad en Wolfhart Pannenberg» en Carlos Schickendantz (editor), *Culturas, religiones e iglesias. Desafíos de la teología contemporánea,* Córdoba: EDUCC, Editorial de la Universidad Católica de Córdoba, 2004.

MÍGUEZ BONINO, José. *La fe en busca de eficacia,* Salamanca: Sígueme, 1977.

MÍGUEZ, Néstor. *Juan de Patmos. El visionario y su visión. Una aproximación al Apocalipsis, su autor y sus imágenes,* Buenos Aires: La Aurora, 2019.

MOLTMANN, Jürgen. «Orientaciones de la escatología» y «Métodos de la escatología» en *El futuro de la creación,* trad. Jesús Reyes Marcos, Salamanca: Sígueme, 1979.

MOLTMANN, Jürgen. *La justicia crea futuro,* trad. Jesús García-Abril, Santander: Sal Terrae, 1992.

MOLTMANN, Jürgen. *Temas para una teología de la esperanza,* Buenos Aires: La Aurora, 1978.

MOLTMANN, Jürgen. *Teología de la esperanza,* trad. DIORKI (A. P. Pascual), Salamanca: Sígueme, 1969.

MOLTMANN, Jürgen. *The Coming of God. Christian Eschatology,* trad. Margaret Kohl, Minneapolis: Fortress Press, 1996.

MOLTMANN, Jürgen. *Trinidad y Reino de Dios. La doctrina sobre Dios,* trad. Manuel Olasagasti, Salamanca: Sígueme, 1983.

MONSIVÁS, Carlos. *Los rituales del caos,* México: Ediciones Era, 1995.

MORRIS, Leon. *El Apocalipsis,* trad. C. René Padilla, Buenos Aires: Certeza, 1977.

NIEBUHR, Helmut Richard. *The Kingdom of God in America,* Hamden, Connecticut, The Sooe String Press, 1956.

PADILLA, C. René. (editor). *El Reino de Dios y América Latina,* El Paso: Casa Bautista de Publicaciones, 1975.

PADILLA. C. René. *Misión integral. Ensayos sobre el Reino y la iglesia,* Buenos Aires: Nueva Creación, 1986 (Tercera edición publicada por Ediciones Kairós, Buenos Aires, 2014).

PANNENBERG, Wolfhart. (ed.), Wolfhart Pannenberg, Rolf Rendtorff, Trutz Rendtorff & Urich Wilkens, *Revelation and History,* trad. David Granskou, Londres: The Mcmillan Company, 1968.

PANNENBERG, Wolfhart. *Cuestiones fundamentales de teología sistemática,* trad. José María Mauleón y Joan Leita, Salamanca: Sígueme, 1976.

PANNENBERG, Wolfhart. *El destino del hombre,* trad. Constantino Ruiz-Garrido, Salamanca: Sígueme, 1981.

PANNENBERG, Wolfhart. *Ética y eclesiología,* trad. Víctor A. Martínez de Lapera, Salamanca: Sígueme, 1985.

PANNENBERG, Wolfhart. *Fundamentos de cristología,* Salamanca: Sígueme, 1974.

PANNENBERG, Wolfhart. *La fe de los apóstoles,* trad. Luis de Horna, Salamanca: Sígueme, 1975.

PANNENBERG, Wolfhart. *Metafísica e idea de Dios,* trad. Manuel Abella, Madrid: Caparrós Editores, 1999.

PANNENBERG, Wolfhart. *Systematic Theology,* vol. 1 y 3, trad. Geoffrey W. Bromiley, Grand Rapids: Eerdmans, 1991/1998.

PANNENBERG, Wolfhart. *Teología y reino de Dios,* trad. Antonio Caparrós, Salamanca: Sígueme, 1974.

PANNENBERG, Wolfhart. *Teoría de la ciencia y teología,* trad. Eloy Rodríguez Navarro. Madrid: Ediciones Cristiandad, 1981.

PANNENBERG, Wolfhart. *Una historia de la filosofía desde la idea de Dios,* trad. Rafael Fernández de Mururi Duque, Salamanca: Sígueme, 2001.

PENTECOST, J. Dwight. *Things to Come: A Study in Biblical Eschatology,* Grand Rapids: Zondervan, 1976. (Versión en castellano: *Eventos del porvenir: Estudios de escatología bíblica,* 2da. Edición, Miami: Editorial Vida).

RANDFORD REUTHER, Rosemary. *From machismo to mutuality: essays on sexism and woman-man liberation,* New York, 1979 «Frauenbefreiung und Wiederversönung mit der Erde» en E. MOLTMANN E. Wender (ed), *Frauenbefreiung, Biblische und theologische Arguments,* 4ta. Ed., Munich, 1986.

RANDORD REUTHER, Rosemary. *Sexism and God-Talk. Towards a Feminist Theology,* Boston and London, 1983.

RICOEUR, Paul. *La memoria, la historia, el olvido,* trad. Agustín Neira, Buenos Aires: Fondo de Cultura Económica, 2000.

RYRIE, Charles. *Dispensationalism Today,* Chicago: Moody Bible Institute, 1965 (versión en castellano: *Dispensacionalismo, hoy,* trad. Evis L. Carballosa, Barcelona: Portavoz Evangélico, 1974).

RIDEAU, Emile. *El pensamiento de Teilhard de Chardin,* tad. José Bailo y Josep A. Pombo, Barcelona: Ediciones Península, 1968.

ROLDÁN, Alberto F. «La hermenéutica heideggariana como aperturidad al mundo» en *Hermenéuticas y éticas. Del texto interpretado a la acción responsable en situaciones de conflicto,* capítulo 1, Oregón: Publicaciones Kerigma (próximamente).

ROLDÁN, Alberto F. *Atenas y Jerusalén. Filosofía y teología en la mediación hermenéutica,* Lima: Ediciones Puma, 2015.

ROLDÁN, Alberto F. *Reino, política y misión,* Lima: Ediciones Puma, 2011.

ROLDÁN, Alberto F. «From Dispensationalism to Theology of Hope: Latin American Perspectives on Eschatology», en Gene L. Green,

Stephen T. Pardue, and K. K: Yeo, editors, *All Things New. Eschatology in the Majority World,* Cumbria, United Kingdom, Langham Publishing, 2019, pp. 70-84.

ROLDÁN, Alberto F. «La epistemología escatológica de Wolfhart Pannenberg», Revista *Teología y cultura,* año I, vol. 2, diciembre 2004.

ROLDÁN, Alberto F. «La fe como evento existencial-escatológico en el pensamiento de Rudolf Bultmann. De la filosofía de Martín Heidegger al planteo teológico» en *Franciscanum. Revista de las ciencias del espíritu,* vol. OV, Nro. 160, julio a diciembre de 2013, pp. 165-194.

ROLDÁN, Alberto F. «La *kénosis* de Dios en la interpretación de Gianni Vattimo: hermenéutica después de la cristiandad», *Revista Teología y Cultura,* año IV, vol. 7, agosto de 2007, pp. 83-95.

ROLDÁN, Alberto F. «La propuesta metodológica de Sallie McFague en la búsqueda de nuevos modelos para una teología metafórica», *Franciscanum, Revista de las Ciencias del espíritu,* vol. LIX, Nro1 168, julio-diciembre de 2017.

ROLDÁN, Alberto F. *Escatología. Una visión integral desde América Latina,* Buenos Aires: Ediciones Kairós, 2002. Segunda edición revisada y ampliada: *Escatología ¿Ciencia ficción o Reino de Dios?,* Buenos Aires: Ediciones Kairós, 2018.

ROLDÁN, Alberto F. *Hermenéutica y signos de los tiempos,* Buenos Aires: Ediciones Teología y cultura, 2016.

ROLDÁN, David A. *La dimensión política del Reino de Dios,* Buenos Aires: Ediciones Teología y Cultura, 2014.

ROLDÁN, David A. *Teología crítica de la liberación: un replanteo desde el problema de la interioridad y la exterioridad, con especial atención a Juan Luis Segundo y José Míguez Bonino,* tesis doctoral en Teología, Buenos Aires: South African Theological Seminary, 2011.

ROSENZWEIG, Franz. *El nuevo pensamiento,* trad. Isidoro Reguera, Madrid: La Balsa de Medusa, 1989.

ROSENZWEIG, Franz. *La estrella de la redención,* trad. Miguel García-Baró, Salamanca: Sígueme, 1997.

SAN AGUSTÍN. *Confesiones* XI,11, 13, 13, 17, 20 y 26. Versión en castellano, San Agustín, *Confesiones,* trad. Pedro Rodríguez de Santidrián, Barcelona: Altaya, 1993.

SANTO TOMÁS de Aquino. *Suma contra los gentiles,* 2da. Edición, trad. Carlos Ignacio González, México: Editorial Porrúa, 1985, capítulo XCVII.

SCATTOLA, Merio. *Teología política. Léxico de política,* trad. Heber Cardoso, Buenos Aires: Ediciones Nueva Visión 2008.

SEGUNDO, Juan Luis. *¿Qué mundo? ¿Qué hombre? ¿Qué Dios?,* Santander: Sal Terrae, 1993.

SEGUNDO, Juan Luis. *La historia perdida y recuperada de Jesús de Nazaret,* Santander: Sal Terrae, 1991.

SHOLEM, Gershom. *La cábala y su simbolismo,* México: Siglo XXI, 1978 (Segunda edición por Proyectos Editoriales, Buenos Aires, 1988).

SHÜSSLER-FIORENZA, Elisabeth- *Invitation to the Book of Revelation*, New York, Image Books, 1981.

SOLARTE,Roberto.https://www.academia.edu/8675072/EL_MAL_Y_L ATEODICEA_EN_HEGEL, pp. 7-8. Accedido: 25 de abril de 2020.

SNYDER, Howard A. *La comunidad del Rey,* trad. Alejandro Gallegos, Miami: Caribe, 1983 (3ra. Edición, Buenos Aires, Kairós, 2005).

SNYDER, Howard A. con Joel Scandrett. *La salvación de toda la creación,* trad. Raúl Padilla, Buenos Aires: Ediciones Kairós, 2017.

SOBRINO, Jon. *Jesucristo liberador. Lectura histórica-teológica de Jesús de Nazaret,* San Salvador: UCA, 1991.

SOBRINO, Jon. *Jesús en América Latina,* Santander: Sal Terrae, 1982.

STAM, Juan. *Apocalipsis. Comentario Bíblico Latinoamericano,* 4 volúmenes, Buenos Aires: Kairós, 2009.

STEIN, Stephen J. editor, *The Encyclopedia of Apocaypticism,* vol. 3, New York: The Continuum Publishing, 1998.

TABUES, Jacob. *Escatología occidental,* trad. Carola Pivetta, Buenos Aires: Miño y Dávila, 2010.

TAUBES, Jacob. *Del culto a la cultura* y *Elementos para una crítica de la razón histórica,* trad. Silvia Villegas, Buenos Aires: Katz editores, 2007.

TAUBES, Jacob. *La teología política de Pablo,* trad. Miguel García-Baró, Madrid: Trotta, 2007.

TILLICH, Paul. *Teología sistemática,* vol. I, trad. Damián Sánchez-Bustamante Páez, Barcelona: Libros del Nopal-Ariel, 1972.

TORRES QUEIRUGA, Andrés. *Repensar la cristología,* 2da. Edición, Estella (Navarra): Verbo Divino, 1996.

TORRES QUEIRUGA, Andrés. *To terror de Isaac ao Abbá de Jesus. Por uma nova imagen de Deus,* trad. José Afonso Beraldini, San Pablo: Paulinas, 2001. (Original en gallego: *Do terror de Isaac ó Abbá de Xesús.*

VATTIMO, Gianni. *Después de la cristiandad,* trad. Carmen Revilla, Buenos Aires, Paidós, 2004.

WHITEHEAD, Alfred N. *Process and Reality. A Essay in Cosmology,* Nueva York, 1960.

Biblias

Biblia de Jerusalén. Bilbao: Descelée de Brouwer, 1967.

Biblia Textual. Santa Biblia. Biblia Hebraica Stuttgartensia. Novum Testamentum Graœce, Nashville, Sociedad Bíblica Iberoamericana, 2010.

La Santa Biblia. Antigua Versión de Casiodoro de Reina y Cipriano de Valera, Sociedades Bíblicas, 1960.

Nueva Biblia Española, Madrid: Cristiandad, 1976.

Santa Biblia. Nueva Versión Internacional, Miami: Sociedad Bíblica Internacional, 1999.

The Greek New Testament, 3ra. Edición, West Germany, United Bible Societies, 1975.

SOBRE EL AUTOR

Dr. Alberto F. Roldán es de nacionalidad argentina, doctor en teología por el Instituto Universitario (ISEDET) de Buenos Aires y máster en ciencias sociales y humanidades (filosofía política) por la Universidad Nacional de Quilmes. Cursó la maestría en educación en la Universidad del Salvador (Buenos Aires). Ha dictado cursos y conferencias en institutos y universidades de América Latina, Estados Unidos, Europa y Corea del Sur.

Más títulos del autor
Publicaciones Kerigma

Señor total

La espiritualidad que deseamos

Más títulos de
Publicaciones Kerigma

Perspectivas del cielo

Misión integral

Un testimonio visible

Más humano, más espiritual

Para una lista completa del catálogo de Publicaciones Kerigma, y además obtener más información sobre nuestras próximas publicaciones, por favor visita:

www.publicacioneskerigma.org

www.facebook.com/publicacioneskerigma

www.ingramcontent.com/pod-product-compliance
Lightning Source LLC
Chambersburg PA
CBHW021004090426
42738CB00007B/646